o caso do filho do
ENCADERNADOR

romance da vida de um romancista

o caso do filho do
EncadernadoR

romance da vida de um romancista

MARCOS REY

São Paulo
2012

© Palma B. Donato, 2004
1ª E 2ª EDIÇÕES, ATUAL, SÃO PAULO, 1997
3ª EDIÇÃO, GLOBAL EDITORA, SÃO PAULO 2012

Diretor Editorial
JEFFERSON L. ALVES

Gerente de Produção
FLÁVIO SAMUEL

Coordenadora Editorial
ARLETE ZEBBER

Preparação
ANA CAROLINA RIBEIRO

Revisão
TATIANA Y. TANAKA
ÉRICA ALVIM

Foto de Capa
ARQUIVO PESSOAL

Capa e Projeto Gráfico
TATHIANA A. INOCÊNCIO

CIP-BRASIL. Catalogação na fonte
Sindicato Nacional dos Editores de Livros, RJ

Rey, Marcos, 1925-1999
  O caso do filho do encadernador : romance da vida de um romancista / Marcos Rey. – [3. ed.]. – São Paulo : Global, 2012.

ISBN 978-85-260-1656-9

1. Rey, Marcos, 1925-1999. 2. Escritores brasileiros – Biografia. I. Título.

12-2085.   CDD: 928.699
                                       CDU: 929;821.134.3(81)

Direitos Reservados

GLOBAL EDITORA E
DISTRIBUIDORA LTDA.
Rua Pirapitingui, 111 – Liberdade
CEP: 01508-020 – São Paulo – SP
Tel.: (11) 3277-7999 – Fax: (11) 3277-8141
e-mail: global@globaleditora.com.br
www.globaleditora.com.br

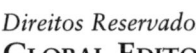
Obra atualizada conforme o
Novo Acordo Ortográfico da Língua Portuguesa

Colabore com a produção científica e cultural.
Proibida a reprodução total ou parcial desta obra sem a autorização do editor.

Nº de Catálogo: 3248

Para Palma, que esteve presente na maioria dos episódios desta história, e não como simples espectadora ou figurante. Foi personagem importante do elenco. E, atuando também como coautora, modificou-a geralmente para melhor.

Apresentação

A reedição de um livro de Marcos Rey é sempre oportunidade valiosa.

Aos leitores que acompanham a produção literária do autor, *O caso do filho do encadernador*, agora reeditado, oferece releitura instigante. Prazer e emoção envolvem-se na trama memorialística e seguem na fluência da linguagem.

Marcos Rey, em "Romance da vida de um romancista" – subtítulo da obra –, descortina extenso panorama de suas lembranças. A narrativa, no estilo leve e saboroso que caracteriza a linguagem do escritor, estrutura-se não apenas em informações de ordem pessoal. Insere fatos e momentos históricos, marcos na vida de um intelectual profundamente ligado a sua cidade e a seu país.

Infância, juventude e vivência no mundo adulto configuram o autoperfil mostrado ao leitor.

Seu amor à palavra escrita, ao manuseio do papel impresso, tem origem em lembranças remotas. Para o menino, deitado sobre montanhas de papel na oficina de seu pai – gráfico e encadernador – abre-se um universo que o fascina.

Embora boêmio e notívago, sua sensibilidade afetiva não o afasta da família, à qual refere-se com carinho.

Seu irmão, o escritor Mário Donato, que lhe abre as portas da profissão literária, desperta-lhe, acrescida à amizade fraterna, grande admiração.

O amor profundo à Palma, sua mulher, Marcos Rey deixa explícito ao dado do companheirismo que unia o casal. O apoio de Palma à obra literária do escritor evidencia-se no episódio em que Marcos deixa o emprego de publicitário para dedicar-se integralmente à literatura.

A formação cultural do romancista tem início na infância com as histórias em quadrinhos, cresce na juventude sob a influência literária exercida pelo pai e aprimora-se com a descoberta de bons autores.

Marcos Rey não apenas escreve, é leitor contumaz, conhece desde escritores clássicos aos norte-americanos e europeus de seu tempo. Cita alguns de sua preferência. Quanto aos brasileiros, o admirado é Machado de Assis. Refere-se também, entre outros, a Ribeiro Couto, Cornélio Penna e a alguns cronistas de destaque.

A abordagem à própria criação literária, ao *making-off* de contos e romances (haja vista *Memórias de um gigolô*) é informação preciosa para quem acompanha o romance da vida de um romancista.

Os bastidores da trajetória profissional do escritor, bem como sua extensa produção literária, abrem-se para o leitor.

A mudança para o Rio, as noitadas na Lapa, a volta a São Paulo, a entrevista com Oswald de Andrade integram as lembranças que o memorialista compartilha com seus leitores.

Marcos Rey, contista, roteirista e romancista, acentua nesta reedição sua relevância no panorama literário do país.

Anna Maria Martins

Sumário

A aranha (Geraldo Pinto Rodrigues)   11
A musa atrás do muro   13
Montanhas de papel picado   17
Meu pai, Luiz   21
Os quadrinhos   25
A Bíblia e o rei bacana   29
O coração: a escola   33
A queda de Paris: literatura de guerra   41
O fim da guerra e o início da luta pela vida   51
Interlúdio carioca: o calor e a maioridade   57
A volta a São Paulo e mil grandes escritores   77
Enfim, o profissional: eu no rádio   85
Um gato no triângulo: doidos anos 50   91
Chegam os militares: a derrocada   103
Anos de chumbo: o vago sonho da liberdade   111
A árdua luta pela vida: o escriba   119
Novamente na arena: um tempo para respirar   125
O cronista dominical   137
Breve olhar para trás   141

A aranha

Operária do invento,
a aranha constrói
sua casa ao relento.

Uma casa de rendas
só de janelas,
vazia por fora,
vazia por dentro,
onde ela só –
aranha –
lavra seu tento.

Fio a fio, a prumo, tece
com argamassa de vento
e andaimes de pó.

Tece e inventa,
inventa e tece
no fio a prumo,
no prumo da casa
de janelas só.

No frio compasso
de quem descobre a vida
e enreda a morte.

> Geraldo Pinto Rodrigues
> (*Veio e via*)

A musa atrás do muro

De minha primeira casa, em São Paulo, onde nasci, lembro apenas de apitos noturnos, espichados num silêncio do tamanho do céu. Havia uma ponte próxima, e os últimos trens já traziam a bem-vinda luz da manhã. Da segunda casa lembro de uma bonita mulher morena, com uma tiara brilhante nos cabelos, a sorrir-me fixamente. O primeiro mistério. Nunca soube se era alguma parente ou vizinha ou mesmo uma atriz do cinema mudo na capa de revista. No final dos anos 20 elas já estavam em toda parte, seduzindo. Feita de carne ou de papel, essa imagem luminosa perseguiu-me durante anos a mover unicamente seu par de olhos negros. Quem sabe um dia ela fale, eu já agonizante: – Sou Pola Negri, menino.

Na terceira casa, sim, todos os meus sentidos despertaram, igual a uma lâmpada que acende, e comecei efetivamente a viver. Era na Rua Genebra e possuía uma espaçosa área para a qual, como numa construção espanhola, abriam-se portas e janelas. Lá batia um ardente sol de praia que nunca pude esquecer; se o relembro, no frio, ele ainda me aquece. A memória com seus climas. Mas o melhor acontecia à noite. Um perfume tóxico e delicioso, eu o imaginava azul, envolvia a casa toda. Aspirava-o e dormia feliz, acreditando que ele me traria bons sonhos.

Minha mãe explicou:
– Vem dos jardins da baronesa. Deve ser jasmim. Tão forte, às vezes provoca dor de cabeça.

Vizinha, pelos fundos, com frente para a rua paralela, tínhamos nada menos que uma baronesa. Ainda circulavam em São Paulo alguns títulos de nobreza nos anos 30. Provavelmente tratava-se de uma aristocrata decadente dos bons tempos do café. Nem sabíamos se continuava rica, mas o perfume de seu jardim era com certeza sua única dádiva aos pobres do bairro. No entanto, devo-lhe muito, senhora baronesa. Ela inaugurou minha capacidade de imaginar. Havia na casa um segundo quintal, pequeno, depósito de inutilidades, cujo muro, alto demais, separava dois mundos. O nosso, real, e o irreal mundo da baronesa. A fantasia morava ao lado. Nasceu-me então o desejo de espiar, mesmo por um brevíssimo momento, a mansão vizinha, residência provável também de fadas, duendes e bruxas. Precisei esperar dois anos para crescer e ganhar coragem de correr o risco. Entre os objetos e móveis acumulados no quintal, apareceu uma mesa capenga. Cadeira, já havia uma. Arranjei tijolos e coloquei sob seus pés. Com as pernas a tremer, subi. O que vi foi pouco e breve para quem tanto imaginara. Uma menina loira corria por um gramado muito verde a perseguir alegremente, mas sem sucesso, um ligeiro cachorro branco. Pouco atrás, uma mulher alta, talvez a governanta, gritava com um sotaque estrangeiro um nome terminado em *i* ou em *y*, não sei se da menina ou do cãozinho, mas sem autoridade para deter o folguedo. O animalzinho subitamente viu meu rosto no alto do muro, estacou e começou a latir. Quando a garota tentava descobrir o que chamara sua atenção, o espião da manhã desapareceu.

Vira quase nada. Mas já dispunha de um cenário onde situar e armazenar fantasias: a mansão, palácio ou castelo da baronesa, tendo como guia para as viagens da imaginação o desinibidor perfume de seu jardim.

Montanhas de papel picado

Sempre havia em casa uma montanha de papel picado, porque meu pai era encadernador. Ele e seus empregados, usando uma guilhotina, aparavam as páginas de centenas de livros, na primeira etapa da encadernação. Eu gostava de afundar e dormir nas aparas. Passava parte do dia sobre elas. No Brasil não cai neve, mas eu tinha algo parecido para brincar.

Meu pai também costumava se deitar nas aparas. Quando não encadernava livros, lia-os. Foi com quem aprendi a gostar de ler. Seu filho mais velho, Mário, recebeu o nome de um dos personagens de *Os miseráveis*, de Victor Hugo, romance muito lido na época; o nome de minha irmã Lydia foi extraído de uma ópera; o de meu irmão Sylvio também veio de livros, Sylvio Pellico, escritor e político italiano, autor de *Minhas prisões*. O meu, Edmundo, pois Marcos é pseudônimo, meu pai retirou de *O Conde de Monte Cristo*, de Alexandre Dumas, que ele lia, em 1925, quando vim ao mundo. O nome completo do personagem era Edmundo Dantès, marinheiro que no dia de seu casamento é trancafiado numa ilha-prisão, devido a manobras de um apaixonado de Mercedes, sua noiva. Após muitos anos, foge do presídio, encontra um tesouro e, movimentando-se elegantemente no mundo dos ricos, passa a vingar-se, um a um, dos destruidores de sua mocidade. Moral: a vingança, além de um prazer, é uma obrigação. Ou é o contrário?

O CONDE DE MONTE CRISTO, DE ALEXANDRE DUMAS,
INSPIROU O PAI DO AUTOR A ESCOLHER
O NOME DO FILHO, EDMUNDO.

Na minha família todos tinham afinidade com as letras. Meu irmão mais velho publicava poesias numa revista de bairro, a *Avenida Chic*. Minha mãe, evangélica, era leitora da Bíblia e escrevia páginas religiosas, e Sylvio colecionava romances policiais. Sua vocação, porém, era a música. Tocava violão e compunha. O cinema falado, recém-surgido na época, popularizara a música americana em todo o mundo, cantada por Russ Columbo, Eddie Cantor, Dick Powell, Ruth Etting e Bing Crosby.

Mário especializava-se em verter as letras para o português, fazendo sucesso nas festas familiares. Uma dessas versões, anos depois, ficaria famosa – *Tudo me lembra você*. Além do cinema falado, havia outra novidade no planeta: o rádio. A princípio, para ouvi-lo, era preciso pôr fones no ouvido. Chamavam-no rádio de galena, nome de um cristal que possibilitava a captação das ondas radiofônicas. Fomos uma das primeiras famílias a ouvir, assim, a Rádio Educadora Paulista, a pioneira do *dial*. A Record, fundada em 1932, ano da Revolução Constitucionalista, seria a segunda. A primeira voz que ouvi foi a de César Ladeira convocando os paulistas à luta. Impressionado pela sua voz, Mário remeteu um discurso inflamado à Record. César leu com aquela sua ênfase. Depois da colaboração do mano, parecia certo que São Paulo ganharia a Revolução. Perdeu.

Logo apareceriam no mercado os rádios de alto-falante, em formato de igrejinha, muito caros no início. Geralmente os interessados se decidiam a comprar somente depois de longos períodos de experiência. Mesmo pessoas sem a menor possibilidade financeira faziam solicitações em caráter experimental. Quando pobre dava festa, o aparelho infalivelmente era de experiência. Lembro-me, em minha rua, do rádio que foi retirado no dia da festa. O vizinho que o solicitara, deprimido, tomou veneno. Quase morreu. Cada época tem seu tipo de tragédia.

Meu principal encantamento, no entanto, era ouvir histórias contadas por meu pai. *As mil e uma noites*, um luxuoso volume que ele mesmo encadernara com papel aveludado. Aqueles contos maravilhosos, com suas ilustrações em arabescos e ainda o perfume do jardim da baronesa projetavam-me no espaço. Às vezes eu me colocava no lugar das personagens e, deixando a imaginação livre, modificava o destino delas, acrescentando-lhes novos lances. Era bom fazer isso.

Meu pai, Luiz

Meu pai instalou sua oficina de encadernação em nossa própria casa. Vindo de Campinas, onde haviam nascido Mário, Sylvio e Lydia, chefiara um departamento na Editora Monteiro Lobato. Quando ela fechou as portas, resolveu comprar máquinas, contratar alguns empregados e trabalhar por conta própria. Nunca, porém, esqueceu os anos na editora, onde, além de ganhar bom dinheiro, adquirira o hábito da leitura, de tão boa influência na vida familiar, e fizera amizades das quais se orgulhava. Nem estou incluindo nelas seu patrão e amigo, Monteiro Lobato, um dos mais populares escritores do país, autor do Jeca Tatu e pai da literatura infantil. Lobato era figura da família. Infelizmente eu não sabia ler ainda, mas seus livros aguardavam por mim. Meu pai costumava exibir as dedicatórias também de outro escritor famoso, Paulo Setúbal, autor do primeiro grande *best-seller* paulista, *A marquesa de Santos*. Alguns amigos duvidavam da autenticidade daqueles autógrafos. Lobato e Setúbal!

– Então você conhece realmente esses dois?

Conhecia muito bem não só esses como outros. Orígenes Lessa, por exemplo, escritor jovem, estava escandalizando o público com seus livros de contos *O escritor proibido* e *Garçon, garçonnette, garçonnière*. Minha mãe, presbiteriana e muito puritana, nem queria ouvir falar deles. Era amiga do reverendo Themudo Lessa, pai de Orígenes, moralista como ela. Outro escritor e poeta, amigo de meu pai, era Júlio César da Silva, irmão da poeta Francisca Júlia. Sem ter alcançado as alturas da irmã, escrevera dois livros de certa repercussão na época, *A arte de amar*, poesias, e *O diabo existe*, contos. Esmagado entre o Parnasianismo e o Modernismo, acabou esquecido. Meu pai encadernou livros também para Menotti del Picchia, Cassiano Ricardo, Cleómenes Campos e para a *Revista dos Tribunais*, publicação especializada que usou de seus serviços exclusivos durante anos.

MEU PAI, LUIZ DONATO,
GRÁFICO E ENCADERNADOR.

Um ano antes de eu entrar para o grupo escolar meu pai me ensinou a ler. Minha mãe, Marianina, podia ter feito isso, pois, se ele era amigo de escritores, ela o fora e ainda era de gramáticos e filólogos, pastores da igreja presbiteriana, como Eduardo Carlos Pereira, Erasmo Braga e Otoniel Mota, e do grande orador Miguel Rizzo. Meu pai, evidentemente, conhecia-os também, mas, por ser amante do cigarro e do álcool, e com razoável capacidade de aliciamento, era por eles visto como ovelha negra da igreja. Certa vez, Otoniel Mota fez um sermão inteiro, com o rosto severo voltado para ele, um cristão morno, ainda não inteiramente convencido. No final, meu pai, como se não percebera a intenção do reverendo, foi cumprimentá-lo pelo inspirado sermão.

Lembro-me do dia em que proclamei: eu sei ler. Saí pela rua lendo os dizeres comerciais fixados nos empórios. No mesmo dia minha mãe me levou a uma visita a parentes e pegamos um bonde. Era um camarão, bonde vermelho, fechado. Nele descobri o mundo dos anúncios, o *Veja ilustre passageiro* e mil outros. Desci do camarão superior, já íntimo das palavras. Não me assustariam mais. No mesmo dia encarei um jornal. Jornais nunca faltaram em casa. Comecei pelos títulos, depois devorei as notícias sem hesitação. A cartilha abrira-me a porta dos tesouros. No dia seguinte, a grande emoção. Seria capaz de ler livros? Os primeiros foram os de Lobato. Estavam ainda cheirando a papel e tinta, como todos os livros antigos. Foi mais fácil do que eu imaginava. Li os de Lobato e, logo mais, muitos outros, menos, é claro, aqueles que minha mãe, alerta, censurava.

Entre os livros houve um, maior e colorido, impresso em papel encorpado, que folheei detidamente, tomado de um fascínio particular. Imaginem, um atlas! A magia dos nomes. Exerceram sobre mim sedução instantânea: Honolulu, Paramaribo, Taiti, Bangcoc, Bagdá, Kioto, Damasco... Cada um com sua música e mistério. Então o mundo não acabava na esquina... Arranjei uma lupa para ver as cidades mais de perto. O mundo. Era o nome de minha nova paixão.

Os quadrinhos

Eu teria 9 ou 10 anos quando li, no *Suplemento Juvenil*, minha primeira história em quadrinhos. O traço forte e pessoal de Alex Raymond, desenhista de *O detetive X9*, *Jim das Selvas* e *Flash Gordon*, que sabia como ninguém dar movimento às figuras, me conquistou. Foi um dos gênios de minha infância. Quem escrevia o X9 era Dashiell Hammet, grande autor do gênero policial, então desconhecido no Brasil. Em pouco tempo, porém, o *Suplemento* desapareceria e suas histórias seriam apresentadas, mais vezes por semana, pelo *Globo Juvenil*. Havia também o *Príncipe Valente*, com seu marcante corte de cabelo, herói dos tempos medievais, contemporâneo dos hunos, e havia ainda *Mandrake* e sua cartola. Gostava de suas mágicas, sempre gostei de mágicas, de seu traje elegante, do seu criado Lothar, e sobretudo da sensualíssima Narda, sua namorada princesa. Aqueles ilustradores sabiam criar mulheres bonitas. Até as perversas, que envenenavam ou apunhalavam pelas costas, eram sedutoras.

O amor pelos quadrinhos tinha algo a ver com o que senti pelo atlas. Eles me levavam a regiões desconhecidas: florestas habitadas por feras perigosas, pantanais traiçoeiros, desertos percorridos por tribos sanguinárias, geleiras ameaçadoras, territórios vulcânicos eternamente em chamas, mares bravios tragando embarcações e também Chicago com seus gângsteres empunhando metralhadoras. Gostava também das tiras humorísticas, como as de Li'l Abner e de Popeye. Humor é mel. Apenas rejeitava os heróis da família Super, capazes de sozinhos derrotar uma nação ou um planeta inteiro. Eu, magrinho, sempre tomando remédios, dando sustos na família, odiava os invencíveis. Abria exceção para Flash Gordon, devido à sua namorada Dale Arden, que na linguagem daqueles tempos era de fechar o comércio.

Embora me deslumbrasse a arte de Alex Raymond, fixava-me muito na legenda dos quadrinhos. Estava dentro dos meus limites. Desenhar não poderia nunca, falhei em todas as tentativas, mas escrever, quem sabe... Logo adquiri certa noção da carpintaria das histórias, da criação de sequências de suspense, do ritmo e de seu desenvolvimento geral. Ajustar a palavra à ação era coisa que me sentia capaz de fazer. Devia ser desafiante dialogar através de balõezinhos, tendo de dizer muito com poucas palavras. Às vezes, consumia horas imaginando outras histórias para os mesmos heróis ou inventando novos finais.

Esse namoro com os quadrinhos foi um tanto tormentoso, porque minha mãe impôs seu fim inexorável no dia em que completasse 15 anos. Tanto ela quanto meu pai achavam que eles poderiam desviar meu interesse dos estudos. Afinal, em casa liam-se livros, não revistecas. Concordei, e num triste 17 de fevereiro, com os braços estirados diante do corpo, entreguei não sei quantos quilos de histórias em quadrinhos ao filho da empregada, um moleque muito chato e estúpido. Eu, que já não gostava dele, passei a detestá-lo.

Nessa época obtive uma vitória no campo da poesia. A Cera Record instituíra um concurso de quadrinhas na Rádio

Record. Pensando no prêmio, que eu não sabia qual era, bolei uma quadrinha.

> *Vou lhes dar um conselho*
> *Dos conselhos o maior.*
> *Transforme o chão num espelho*
> *Usando a Cera Record.*

Eu, ainda Edmundo Donato, aos 12 anos.

Um conhecido locutor – então chamado de *speaker* –, Renato Macedo, o introdutor da música norte-americana no rádio paulista, leu a quadrinha uma porção de vezes, dando-me os parabéns. Dei pulos de alegria. O prêmio veio quase um mês depois: uma lata de cera. Minha mãe quis usá-la; eu chorei, opondo-me. Aquilo era um troféu, exigia respeito. Coloquei a lata, bem visível, na sala de visitas.

A Bíblia e o rei bacana

Em casa sempre houve muitas bíblias. Minha mãe, presbiteriana, lia o Livro Sagrado diariamente. Dizia que até muitos ateus o apreciavam e que nos Estados Unidos havia uma Bíblia em cada quarto de hotel. Meu irmão Mário, embora não religioso, costumava recitar com toda ênfase trechos do Cântico dos cânticos – muito poéticos! – que enrubesciam minha mãe. Ela não entendia como tal livro, pecaminoso, quase pornográfico, fazia parte do Velho Testamento, mas, de qualquer forma, o rei Salomão, seu autor, fora duramente castigado por Deus. Desse rei bacana logo eu leria, na Bíblia, o Eclesiastes, leitura que marcaria minha juventude com sua poesia e a doce embriaguez de seu negativismo.

Entrei muito cedo na Escola Dominical da Igreja Unida, à Rua Helvetia, para aprender a comportar-me como um cristão e ser introduzido no estudo da Bíblia. Cursei o primário e depois uma classe para adolescentes. No primário, minha colega de banco era uma negrinha bem-vestidinha que jamais me disse uma palavra. Só depois soube que acabara de chegar dos

Estados Unidos e não sabia português. Aliás, havia muitos americanos na igreja, sempre os mais elegantes e esportivos. Os garotos americanos cantavam os hinos vigorosamente e, muito fortes, altos, corados, pareciam dispostos a enfrentar o diabo num corpo a corpo. Certa manhã tive uma briga terrível com um deles, que me acusou de referir-me a Cristo de forma desrespeitosa. Acabamos nos pegando, após a aula, e derrubamos a mesa e todas as cadeiras da classe. Até um quadro-negro veio abaixo. No final, eu estava coberto de cadeiras e com a boca sangrando. Foi a negrinha americana a samaritana que me ajudou a ficar em pé e me estendeu um lenço.

D. Marianina Coscia Donato, minha mãe.

Apesar de sentir-me um estranho no ninho, interessei-me pela Bíblia. Sua linguagem forte me falou diretamente. Em poucas páginas, ela contava um século de história. Era sintética, dramática, poética e continha o mistério do tempo em sua marcha incansável. Como todas as grandes histórias, as suas não esclareciam tudo. Diretas, mas não lineares. Curtas, mas não superficiais. E sempre englobavam amores verdadeiros, ódios profundos, vinganças, grandes ambições, sonhos proféticos, guerras devastadoras, santidade e corrupção, somando todos os condimentos da ficção, embora contasse fatos reais da história do povo judeu e de outros povos. Leitura empolgante, raramente monótona e com tanta ação como as histórias em quadrinhos. O tom eu reencontraria em Shakespeare.

Notando meu interesse pela Bíblia, uma professora da Escola Dominical, confundida, perguntou-me certo domingo se eu pretendia entrar para o seminário. Na verdade ainda hesitava entre crer e não crer. E só me considerava quase convencido quando no culto noturno, levado por minha mãe, ouvia os sermões de Miguel Rizzo. Ele tinha ótima aparência, voz marcante e costumava ilustrar os sermões com casos e coisas observados em suas inúmeras viagens ao exterior, além de jogar bem com o humor e com todo um repertório de inflexões. Às vezes baixava a voz, como numa conversa particularíssima com o fiel – o "aqui entre nós" –, para em seguida, inesperadamente, elevá-la ao máximo, a ponto de ferir os tímpanos, ou então mergulhava num tenso e longo silêncio como se tivesse desastradamente esquecido o tema do sermão. Com tantos recursos de oratória conseguia prender nossa atenção permanentemente. Suas qualidades de orador eram tão reconhecidas que padres católicos levavam seminaristas à pequena igreja protestante para aprendem com o mestre. Miguel Rizzo, homem muito lido, frequentemente costumava citar escritores, como Renan, Anatole France, Eça de Queirós, Machado de Assis, Zola, nomes que eu logo eu passaria a conhecer muito bem.

Quando estourou a Segunda Grande Guerra Mundial, em 1939, já pretendia afastar-me da Escola Dominical, irritado com seu estreito moralismo, mas acabei permanecendo mais algum tempo. A guerra, mesmo no Brasil, viera dividir as pessoas em dois grupos: os adeptos do totalitarismo, fascistas, e os que se opunham a ele, democratas. Quanto à União Soviética – comunista –, permanecia uma incógnita. A grande parte do povo

de São Paulo, e talvez do Brasil, simpatizava com o eixo Roma-
-Berlim. Meus amigos do ginásio e do bairro torciam para
Hitler e Mussolini. Este ocupara militarmente a Abissínia e a
Albânia, e Hitler acabara de invadir a Polônia. Pipocavam jornais pró-Eixo, a maioria formada de tabloides espalhafatosos.
Outros jornais mantinham-se em cima do muro e o próprio
governo brasileiro, ditatorial, que aqui instituíra o Estado Novo,
pondo fim às eleições, demonstrava tender para o Eixo. Aqui só
se declaravam favoráveis aos aliados (França e Inglaterra) os
judeus, os negros, os protestantes, grande parte dos intelectuais
e, mais tarde, após a invasão da União Soviética, também os
comunistas.

Não tendo amigos para conversar sobre o único assunto
em pauta no mundo – a guerra –, continuei a frequentar a Escola Dominical. Lá, ao menos, os democratas eram unanimidade.
Preferível suportar chatíssimos moralistas a ouvir os adeptos da
cruz suástica. Depois, o Eixo estava ganhando a guerra e eu era
muito chacoteado pelos amigos. Hitler já conquistara a Polônia
e a Noruega, e estava investindo contra Holanda, Bélgica,
Luxemburgo e França. Certamente conquistaria esses países
todos, menos a França, imaginávamos, considerada invencível
devido à sua famosa Linha Maginot, uma barreira de ferro e
cimento que nenhum exército seria capaz de ultrapassar.

O coração: a escola

Minha primeira escola foi o Grupo Artur Guimarães, no Largo do Arouche, onde ingressei no ano anterior à destruição de seu velho edifício. O grupo escolar ainda existe, próximo, na Rua Jaguaribe. Naquele tempo as escolas públicas eram consideradas ótimas, enquanto as particulares não gozavam de bom conceito. Nelas, dizia-se, pagava-se para passar de ano. Meninos ricos, mas filhos de pais exigentes, estudavam em grupos escolares. Lembro-me pouco do ano em que estudei no Artur Guimarães. A professora me supôs um menino prodígio. Lia fluentemente e conhecia geografia – países, oceanos, ilhas, capitais e cidades principais. Um dos colegas de classe era sobrinho de Juó Bananère, famoso humorista político, cujo nome verdadeiro era Alexandre Marcondes Machado, popularíssimo em São Paulo pelos seus livros satíricos, escritos numa linguagem macarrônica, ítalo-brasileira.

No ano seguinte, minha família mudou de bairro e fui transferido para o Grupo Escolar Conselheiro Antônio Prado, na Barra Funda, um dos maiores da cidade, onde permaneceria até o final do curso. Recordo-me de uma velha professora, Anísia de Vasconcelos, em seu último ano de magistério, por quem me afeiçoei vivamente. Era uma imponente senhora, muito chique e perfumada, como tantas professoras – naqueles tempos, bem pagas e sempre distinguidas pelo guarda-roupa. Apreciando minhas composições escolares, dona Anísia elegeu-me seu discípulo amado e vivia me perguntando sobre o que ia ser quando crescesse.

– Meu pai quer que eu seja advogado.

EU, AOS 7 ANOS, POSANDO PARA O FOTÓGRAFO FRUSSA, DO LARGO DO AROUCHE.

– E você, o que quer ser?
– Acho que gostaria de escrever livros – disse pela primeira vez em minha vida.
– Você vai escrever – ela garantiu com muita certeza no olhar. – Não terei tempo para ler, mas você vai escrever...

Em dias já vividos de descrença ou desamparo, vendo tudo perdido, eu me lembraria dela, Anísia de Vasconcelos, como quem pede socorro. Depois, sua lembrança foi se desfazendo, perdendo-se na névoa e não consegui mais visualizá-la. Mas, enquanto há um nome, há memória e gratidão.

Estava no grupo escolar quando meu pai me presenteou com um grande livro, *Coração*, de Edmondo de Amicis, o diário de um ano letivo na visão de um aluno, um sucesso mundial havia décadas. Se Lobato apelava para a fantasia, Amicis fixava-se no cotidiano, extraindo o drama, o humor e a poesia do dia a dia de uma escola. Acredito ter sido o livro que me ensinou a olhar além do meu nariz, a perder o pudor de me emocionar e, como aprendiz de escritor, a valorizar os pequenos lances de uma narrativa.

Coração, de Edmundo Amicis, um livro que marcou a infância de Marcos Rey.

Meu pai me deu também a *História do Brasil para crianças*, de Viriato Corrêa, ilustrado pelo grande Belmonte. Outro livro, este de Lobato, a *História do mundo para crianças*, estaria ligado a um episódio curioso. Eu precisava operar as amídalas, o que, em centros de saúde, nos anos 30, era feito sem anestesia. A operação me apavorava, e meu pai, para me encorajar, prometeu me dar de presente o livro de Lobato. Ele próprio encadernara, dourara e fizera uma bela caixa para proteção do volume. Topei. No centro de saúde operavam no mínimo uma dúzia de crianças por dia, reunidas depois numa enfermaria onde serviam sorvetes. Mas as crianças, logo após a primeira colherada, choravam ainda mais, porque o gelado, cicatrizante, provocava dores insuportáveis na garganta. Naquela manhã, na enfermaria, apenas uma criança não chorava: eu. Notei que o médico e seu assistente, um crioulo imenso que vestia um avental de couro ensanguentado, me olhavam atentamente. O médico, querendo conversar com meus pais e vendo que demoravam, aproximou-se de minha cama.

– Por que você não chorou? – ele perguntou, intrigado. – Opero há trinta anos e nunca vi uma criança não chorar. Muitas até tentam fugir da sala.

– E o doutor extraiu também os pólipos – acrescentou o assistente, tão intrigado como ele, ainda com seu avental sujo de sangue.

– Você não sentiu nenhuma dor? – tornou o médico.

– Senti.

– E, então, por que não chorou?

– Meu pai me prometeu um livro.

– Disse "um livro"?

– Um livro de Monteiro Lobato. Encadernado.

– A meu filho prometi uma motocicleta e mesmo assim não me deixou operá-lo... Eu, seu pai! – rebateu o cirurgião, não acreditando em mim.

Um homem, na enfermaria, pai de um dos operados, um garotão que não parava de berrar, tendo ouvido a história, também descrente, comentou:

– Ora, um livro! Esse menino não é normal, doutor, deve sofrer das faculdades.

O médico e seu assistente deram-lhe razão, tanto que não esperaram mais por meus pais.

Quando meu pai chegou, contei-lhe o diálogo.

– Não se preocupe, meu filho. Esse médico é apenas um carniceiro; aposto que nunca leu um livro na vida.

No mesmo dia, já em casa, começava a leitura da *História do mundo para crianças*. Não chorar fora bom negócio. O livro era ótimo.

Foi nessa ocasião que travei contato com um tipo de literatura juvenil bastante aparentada com histórias em quadrinhos. Não lembro qual foi o primeiro volume da coleção Terramarear que me caiu às mãos, mas li a maioria, como milhões de jovens e adultos faziam. Alguns títulos estavam nas telas do cinema, *O Pimpinela Escarlate*, *A ilha do tesouro* e *Capitão Blood*. Outros, embora antigos, ainda eram inéditos no Brasil. Entre os autores mais lidos estava Jack London, americano de vida aventuresca; escrevera um livro atrás do outro: *Caninos brancos*, *A filha das neves*, *A aventureira*, *O lobo do mar*, *O mexicano*. Todos obras de quem conhecia e amava a natureza. Um ecologista, diriam hoje. Eu, porém, gostava ainda mais de Robert Louis Stevenson, de estilo inconfundível, autor de *A ilha do tesouro*, *Raptado* e *O médico e o monstro*, hoje reconhecido como um grande escritor para todas as idades.

Descobri Terramarear já no ginásio. Chamava-se Ginásio São Paulo, na Rua General Olímpio da Silveira. Consegui entrar no primeiro ano saltando o curso de admissão, obrigatório. Mas não foi proeza minha, reconheço, e, sim, de meu pai, que, visando economizar dinheiro, convenceu uma diretora do colégio, viúva e conversadeira, a dispensá-lo em meu caso, isso depois de um interminável passeio pelo pátio. Durante todo o curso, sempre que me via, ela me perguntava ansiosamente por meu pai e mandava-lhe lembranças. Uma pessoa muito humana e compreensiva, ele comentava, evitando o assunto. Pura verdade, pois nos exames, vendo-me aflito, ela sentava-se ao meu lado e, afrontando a vigilância dos professores, tirava-me do aperto, principalmente em química e matemática. Nas vésperas de um exame, inseguro, menti que meu pai iria visitá-la.

NO GINÁSIO, MARCOS REY LEU A MAIORIA DOS LIVROS DA COLEÇÃO TERRAMAREAR

Dois livros me impressionariam nessa ocasião. *Robinson Crusoé*, de Defoe, e *Viagens de Gulliver*, de Swift, ainda leituras básicas nos países mais adiantados, onde as crianças recebem boa formação cultural. Amei os dois. O cinema sempre os redescobre e apresenta novas versões. A história de Robinson, sobrevivente de um naufrágio, sozinho numa ilha, fora da rota das embarcações, botou fogo em minha imaginação. Quanto a Gulliver, vivendo suas principais aventuras entre anões de uma polegada ou entre gigantes, empolgou-me a ponto de reler suas viagens seguidamente. Permaneceram meses no meu criado-mudo.

Nenhum professor do ginásio, nem mesmo de português, jamais me recomendou a leitura de ficção. Talvez por isso, o curso, cinco anos na ocasião, não me enriqueceu muito. Ficou mais a lembrança de uma rivalidade acirrada com o aluno mais estudioso da classe, Onésimo Silveira. Além de um sabe-tudo em todas as matérias, Onésimo, também de família protestante, mantinha na classe comportamento exemplar. Eu, improvisador, estudava bem menos e não era dos mais comportados, mas tinha meu fã-clube, porque colocava os mestres em xeque com perguntas ardilosas. Uma minoria muito ativa, que incluía uma maliciosa professora de francês. Sempre em choque com o corpo docente, ela me considerava o melhor da classe e animava-me a assustar seus colegas com perguntas embaraçantes.

Ao receber o diploma, perdi o contato com os colegas. Um deles, Jaime, rapaz muito seguro de si, revi anos depois, ocasionalmente, num elevador, carregando um embrulho verde. Lívido, olhos embaçados, parecia estar enfrentando um problema cruciante. Essa imagem de angústia no elevador apagaria todas as anteriores e, quando me lembro dele, continua lá, num elevador, sem saída, com seu embrulho verde. Outro, Adolfo, um dos mais estudiosos, reconheci-o num clube noturno. Aproximei-me. O que vai beber, senhor?, perguntou-me, respeitosamente. O professor de matemática, Rodrigues, passou certa vez por mim, num relance, no viaduto. Magro, malvestido, caminhava ao sopro do vento e falava sozinho. Bom professor, mas a vida, mais complexa que o quadro-negro, certamente o fizera cometer certos erros de cálculo. Quantas incógnitas teria a equação que o pusera naquele estado? Às vezes me lembro dos colegas do ginásio, mas não sei que rumo seguiram. Alguns teriam chegado ao topo? Concretizado o quê? Quais viram de perto ou tocaram por um momento ao menos a fugidia Deusa da Fortuna?

A queda de Paris: literatura de guerra

Paris e a França toda caíram no início de 1940, após seis meses de guerra. Será difícil para um jovem de hoje entender o que isso significou. O mundo civilizado vivia sob o domínio cultural francês. Minha geração, do cinema e do rádio, já sentia a influência norte-americana, derivada da tela e do *jazz*, porém a França ainda era a capital do planeta. Falava-se muito no heroísmo do soldado francês e acreditava-se que a Linha Maginot conteria qualquer invasão de bárbaros. Havia uma palavra para ela: inexpugnável. No entanto, em menos de um mês, os alemães, usando tanques – nova máquina de guerra, na qual nem eles confiavam totalmente –, contornaram a linha e surpreendentemente chegaram a Paris. A França rendia-se dias depois, já sob um novo governo, fascista, presidido pelo marechal Petain, herói da Guerra de 1914, e pelo colaboracionista Pierre Laval, o homem da gravata branca, que se tornaria um odiável símbolo da traição.

O que aconteceria dali em diante no mundo?

Justamente naquela ocasião, tendo esgotado a coleção Terramarear, e já um tanto farto de aventuras, subi mais um degrau como leitor. Deram-me para ler Voltaire. Li *Cândido*, *A princesa da Babilônia*, *Micrômegas*, histórias picarescas, com muita ação, e que ensinavam a ver o mundo através duma desdenhosa e ao mesmo tempo altiva filosofia de vida. Em seguida li Anatole France, agnóstico como Voltaire, de sua mesma linha de pensamento, mais tipicamente romancista. Seus romances *Thais*, *A rebelião dos anjos*, *O crime de Silvestre Bonnard* e outros impressionaram-me bastante na ocasião, fascínio porém que não se prolongaria muito. Li outros franceses, entre eles Flaubert, fundamental para quem deseja se iniciar no ofício, autor de *Madame Bovary*, obra que vale por um curso completo da arte de escrever. Mas, naquela idade, confesso, leitor apressado, leria com mais entusiasmo Guy de Maupassant, cujos contos me revelaram o gênero. O interesse e a emoção já chegavam no primeiro parágrafo. Os personagens estavam mais próximos, quase se podia pegar neles. Era como uma mesa cheia de doces à disposição de uma criança. Decidi, encorajado: se um dia escrevesse alguma coisa, seriam contos. Eram pequenos, leves, inflamáveis. E havia nos de Maupassant sempre uma grande surpresa final. Seria capaz de escrever um? Tínhamos uma velha máquina de escrever Underwood. Poderia tentar. Sem alarde. Como se fosse uma brincadeira. Por que não?

Os acontecimentos mundiais, porém, ocupavam mais espaço que nossa vidinha particular. Os jornais traziam grandes manchetes. Dois mil aviões sobre Londres. Italianos invadem a Grécia. Ingleses são derrotados no deserto. E o rádio começava nova etapa de seu desenvolvimento transmitindo notícias da guerra em todos os intervalos musicais. O que mais se fazia era ler jornais e ouvir o noticiário radiofônico. O tom geral era o da catástrofe. O mundo estava desabando e entregue a novos donos. E, parecia, nem para os grandes escritores do passado haveria espaço. Desapareceriam também na Nova Ordem que Hitler estabelecia.

O mundo podia estar se acabando, mas minha carreira começava. Escrevi meu primeiro conto. Imitação de Maupassant. Escritor sempre começa imitando, como os cantores. Somente depois de ter escrito uns dez, submeti um à apreciação do mano Mário. Ele era redator do jornal O *Estado de S. Paulo*, o que então era ser muita coisa. Escrevia, inclusive, críticas literárias. Já publicara um poema, em livro, *Terra*, e *As cigarras emigram*, volume sobre poetas que morreram cedo. Com Edgard Cavalheiro, Fernando Góes, Miroel Silveira e Mário Neme, seu nome já se destacava entre os da nova geração. Era uma geração rica de valores. Um dia, Mário me mostrou o retrato de uma moça bonita. Era Lygia de Azevedo Fagundes, depois Lygia Fagundes Telles.

– Guarde esse nome. Vai ser uma grande contista.

O conto que dei para Mário ler chamava-se "Ninguém entende Wiu-Li". Passava-se na China, era primário e bem amador. Misteriosamente ele me pediu para ficar com o conto. Dias depois sugeriu que eu adotasse um pseudônimo.

– Por que pseudônimo?

– Além de mim, já tem outro Donato escrevendo. Hernâni Donato. Três Donatos causarão confusão na praça.

Procurar pseudônimo, tarefa difícil. Abri a Bíblia casualmente no livro de São Marcos. Decidi: meu novo nome seria Marcos. Marcos de quê? Lembrei-me de minha bisavó materna, italiana, morta muito antes de eu nascer, uma contadora de histórias de assombração que, recontadas por minha mãe, encheram minha infância de pavores. Chamava-se Maria del Ré, do Rei ou dos Reis. Aí estava meu pseudônimo: Marcos Rei, *i* final que acabei substituindo por *y*, para evitar que revisores colocassem um *s*, como fizeram algumas vezes.

Num domingo pela manhã, ao abrir o suplemento literário da *Folha da Manhã*, como se chamava a *Folha de S.Paulo*, vi, ocupando toda a primeira página, um conto intitulado "Ninguém entende Wiu-Li", ilustrado pelo grande Belmonte, famoso ilustrador e chargista. E, antecedendo o conto, um breve nariz de cera, apresentando-me aos leitores. Mesmo choques de felicidade atordoam, quase derrubam, e foi o que senti – um atordoamento. Não podia ter acontecido estreia mais sensacional.

"NINGUÉM ENTENDE WIU-LI", O PRIMEIRO CONTO
DO AUTOR PUBLICADO NA FOLHA DA MANHÃ,
COM ILUSTRAÇÃO DE BELMONTE.

Mário levara o conto a seu amigo Ruy Bloem, secretário da *Folha*, que lhe pedira uma colaboração para o suplemento. Belmonte, presente, ao saber da idade do autor, generosamente leu o conto, gostou e na hora desenhou a traços grossos um chinês em queda solta e vertiginosa num espaço infinito. O conto não merecia ilustração tão boa. Mas no dia seguinte já sofria uma desilusão: nenhum colega da escola acreditou que Marcos Rey era eu, e, portanto, os parabéns não ultrapassaram a área familiar, apesar da página inteira e de Belmonte.

Não voltei mais à criação de histórias que, igual ao meu chinês, estivessem soltas no espaço. O presente latejava nos jornais e no rádio. Qualquer coisa não relacionada com aquele hoje parecia datada de séculos. Passei a ler tudo sobre a história recente do mundo. Precisava entender o que acontecia. Li John Gunther e Pierre van Paassen, cujos livros, dramáticos, hoje nem nos sebos se encontram. Li até *Minha luta*, de Hitler, um manifesto chato, cheio de ódios, mas *best-seller* até mesmo no Brasil, onde prosseguia, em quase todas as classes sociais, verdadeiro fanatismo pela extrema direita e seus feitos bélicos.

Logo mais eu descobriria a existência de uma literatura de guerra. Na própria Itália, Ignazio Silone, antifascista, escrevera *Fontamara*, romance de uma pequena cidade dominada pelo fascismo. O jeito solto de Silone, oralizado, exerceria sobre mim alguma influência nessa ocasião. Era como se a gente estivesse num bar e chegasse alguém, sentasse, pedisse uma bebida e contasse uma história com toda a naturalidade e simpatia. Esse alguém era Silone.

Surgiriam em seguida muitos romances focando a vida nos países já conquistados pela Alemanha. Desses, um dos primeiros foi *A longa noite sem lua*, de John Steinbeck, norte-americano, futuro vencedor do Prêmio Nobel. O romance passava-se na Noruega, um dos primeiros países ocupados. Em seguida li *A sétima cruz*, de Anna Seghers, romance cheio de tensão e suspense sobre fugitivos de um campo de concentração, que, igual ao primeiro, virou filme de sucesso. Lembro-me de *O sargento imortal*, sobre a guerra no deserto, bem como de muitos outros, sem muita importância literária, destinados ao êxito e à imediata filmagem. A guerra estava em toda parte, nos jornais, no rádio, na literatura, no cinema e também na música. Quando o Japão bombardeou a esquadra norte-americana em Pearl Harbour ela se intensificaria ainda mais. Os Estados Unidos também estavam na guerra. Outros milhões lutariam nos campos de batalha, cidades, ares e mares. E o Eixo, robustecido, Roma-Berlim-Tóquio, continuava naquele final de 1941 em plena ofensiva. Suas forças somente estacariam em meados de 1943.

Eu estudava, lia cada vez mais e escrevia contos. Depois daquele ilustrado por Belmonte tentava dar um passo à frente, escrever algo mais sério, adulto, mas não conseguia. Mostrei meus novos contos ao Mário. Ele riscou trechos inteiros, não aprovou nenhum. Tudo formal, confuso, um lixo. Senti-me perdido. Aquelas histórias nada tinham a ver comigo, excessivamente presas a modelos. Não convenciam. Cheguei a desistir de escrever. Não nascera para aquilo. Estudaria Direito.

Algum tempo depois, diante da máquina, decidi iniciar o que seria o derradeiro esforço literário. Escrevo mais isso e fim. Contei, em primeira pessoa, a história de um menino e seu tio, um oficial aposentado, que comandava a guerra através de mapas, alfinetes e bandeirinhas. Mas na realidade a guerra não caminhava segundo sua previsão e estratégia, expondo o velho soldado ao ridículo familiar e à segregação em seu quarto. Apenas o menino acreditava nele e estava a seu lado, como um escudeiro, até o final, quando o tio soldado acerta sua primeira previsão, e a família toda, comemorando, taças erguidas, reconhece que o estrategista doméstico realmente entendia do ofício. Quanto à linguagem, deixei correr livre, cotidiana e sem censura. Sendo o conto todo em primeira pessoa, e o narrador uma criança, não cabiam preciosismos. Teria de ser direta, sem tropeços. O principal era transmitir o humor e no final procurar comover o leitor. Intitulei-o "Titio soldado". Eu passava com meus pais uns dias na praia quando recebi uma inesperada carta do mano Mário. Dizia ter mostrado o conto a Sérgio Milliet, grande crítico de literatura, seu colega de redação. Sérgio comparara o "Titio soldado" aos contos de Antônio de Alcântara Machado, um dos pioneiros do conto paulistano. E mais: Mário levara-o à *Folha*, pois Belmonte lhe pedira outro conto do garoto. O garoto era eu. Assim eu retornaria triunfante às páginas do suplemento dominical.

"TITIO SOLDADO", MAIS UM CONTO PUBLICADO NA *FOLHA DA MANHÃ*, COM ILUSTRAÇÃO DE BELMONTE.

Depois da publicação de "Titio soldado", fui convidado a colaborar na luxuosa revista *Oriente*, de propriedade de Mussa

Kuraien, especializada em reportagens de casamentos, batizados e outros lucrativos eventos da colônia sírio-libanesa. Eu receberia 100 cruzeiros por colaboração, dinheiro polpudo para um menino. Uma das primeiras colaborações foi um conto que dava sequência a uma série de retratos familiares, na visão de um garoto, iniciada com "Titio soldado". Chamava-se "Doutor por correspondência", a história de primo Emílio, um simpático malandro, pelintra e bem-falante, que costumava encostar-se indefinidamente na casa de parentes. Esse conto, décadas depois, surgiria em diversas antologias, até em edição bilíngue, juntamente com um conto de autor português, numa edição fantasma em Kioto, Japão.

Julguei dessa vez que havia encontrado o meu estilo, minha maneira própria de contar uma história. Mas, na realidade, descobrira apenas algumas de minhas tendências naturais. O humor era a mais evidente. Daí eu ter gostado tanto de Voltaire, Anatole e Swift. Um humor bastante próximo do drama, talvez apenas o outro lado da moeda. Descobri também que as histórias devem ser localizadas em algum cenário, de preferência conhecido do autor, e num tempo bem definido. A cor local e o calendário eram indispensáveis. E descobri ainda que os personagens precisam ser marcados não apenas pela descrição física, mas também pelos diálogos, onde transparece melhor seu recheio psicológico. Se tiverem maneira peculiar de falar, vocabulário próprio, aí, sim, saltarão da página, colocando-se ousadamente de pé.

Tudo isso ainda em tempos de guerra. O Brasil, após a ação de submarinos alemães em nossas costas, entrou no conflito. Imediatamente, em São Paulo, fecharam as portas do jornal italiano *Fanfulla*, e o clube Palestra Itália, que não aceitava negros em seu time, teve de mudar o nome para Sociedade Esportiva Palmeiras, mas o povão, embora tenha fechado mais a boca, cauteloso, continuava pró-Eixo e curtindo suas vitórias. Hitler dominava a Europa inteira. Diplomaticamente conquistara Hungria, Romênia e Bulgária. E, militarmente, para salvar a Itália de malsucedida invasão da Grécia, conquistara a Iugoslávia. Os gregos lutaram bravamente até nas Termópilas, reeditando suas guerras históricas, e junto de parcas forças inglesas apenas se renderam, ao recuar até as praias. Neutros continuaram Portugal, Suíça, Suécia e Turquia. A Espanha igualmente não entrou na guerra, embora Franco, seu ditador, fosse fascista. Vendo que não era possível conquistar a Inglaterra por mar e que se tornava cada vez mais difícil conquistá-la pelos ares, a Alemanha invadiu a União Soviética em julho de 1941. Em seis semanas, garantiu Hitler, completaria a conquista. Depois, ocuparia os países árabes, a Índia e encontraria com os japoneses na China. Aí, provavelmente, seria o fim.

As seis semanas ficaram para trás, chegou dezembro, e então o general Inverno passou a lutar do lado dos soviéticos. Os alemães, vestindo roupas de verão, morriam de frio. Meus amigos simpatizantes do Eixo continham-se. Moscou chegou a ser ultrapassada pelos flancos, e os alemães atingiram o Cáucaso, região dos lençóis petrolíferos. Na África estavam próximos de Alexandria. Ouvindo rádio até a madrugada, eu acompanhava todos os lances da guerra. Entre as várias descobertas da juventude estava a madrugada. Era gostoso ler e ouvir rádio noite adentro. Principalmente aos sábados, notícias que chegariam no dia seguinte, pelos jornais, eu já conhecia ao dormir. Nessas madrugadas ouvi as primeiras notícias das derrotas alemãs, em Stalingrado, e do desastroso recuo em El Alamein, na África. Somente no quarto ano de guerra podia-se comemorar, mas não efusivamente, as primeiras vitórias aliadas importantes. Os admiradores do Eixo explicavam suas derrotas como recuos estratégicos, provisórios, e apregoavam a retomada dos ataques.

O fim da guerra e o início da luta pela vida

À medida que a União Soviética reconquistava sua vasta região ocupada pelos alemães, a partir da vitória em Stalingrado, surgia outra onda nas livrarias, a dos livros comunistas, revelando ao mundo a desconhecida União Soviética. Desde a Revolução Russa, em 1917, pouco se sabia dela no mundo ocidental. Havia dois livros muito lidos: *O poder soviético* e *Missão em Moscou*. O famoso *Dez dias que abalaram o mundo*, de um jornalista norte-americano, John Reed, testemunha ocular da Revolução Comunista, voltara a ser *best-seller*. A União Soviética era o grande assunto em toda parte. E, na verdade, graças à desesperada resistência russa, que lhes custaria dez milhões de vidas, os aliados ganharam tempo para enfraquecer a Alemanha, bombardeando-a dia e noite e, finalmente, mais armados, invadiram a França, em meados de 1944. A União Soviética, ou simplificadamente a Rússia, virou moda. Todos queriam saber o que era o Comunismo e por que seu líder no Brasil, Luís Carlos Prestes, continuava preso.

A invasão da Europa pelos americanos e ingleses produziu mil manchetes e noites inteiras de noticiário pelo rádio. Depois de conquistarem a Normandia e a Bretanha, os aliados avançaram sobre Paris. Enquanto isso o Eixo rendia-se no norte da África, e a Sardenha, Córsega e Sicília eram ocupadas. Teve início então a lenta conquista da Itália, registrada por diversos escritores antifascistas. O mais importante deles, Curzio Malaparte, brilhante jornalista político, elevava a reportagem a alto nível literário. Ao mesmo tempo repórter e escritor de primeira linha. Dele logo li *Kaputt* e *A pele*, duas obras-primas. A realidade transportada ao papel com a arte da melhor ficção. Isso me fez pensar. Onde se situava a linha divisória entre o real e o imaginário? E haveria ficção mais impressionante que a realidade descrita por Malaparte?

Nesse período de guerra, ganhei algum dinheiro fazendo traduções. Mário traduzia livros infantis para a Editora Melhoramentos, porém andava sem muito tempo. Ofereceu-me parceria. Eu passava o dia diante da máquina cercado de dicionários. As traduções foram muitas, mas lembro apenas de livros mais volumosos, como uma biografia de Beethoven e o *Bambi*, de Walt Disney. O trabalho, exaustivo, não me agradava e dava a sensação de tempo perdido. Criar era o que me atraía. Agradava-me, porém, ganhar dinheiro sem sair de casa e poder frequentar cinema e comprar livros não dependendo dos pais. Uma coisa já decidira: não entraria na faculdade de Direito. Faltava-me vocação para as leis. Meu caminho seria aquele que se abria para mim, o jornalismo. Depois, outras pessoas já me animavam a escrever, como Edgard Cavalheiro, biógrafo de Fagundes Varela e Monteiro Lobato. Frequentador de minha casa aos domingos, juntamente com outros escritores jovens, despontava como o crítico e biógrafo de sua geração. Suas opiniões eram sempre ponderadas e originais. Grande leitor, não era desses que batem palmas para tudo que faz sucesso. Certa vez, arriscando-me, entreguei-lhe um conto.

MEU AMIGO, EDGARD CAVALHEIRO, À DIREITA.

– Tem alguns erros – ele disse. – Ótimo! Tive medo de que fosse um desses meninos prodígios que andam por aí. Erros também fazem parte do estilo.

A partir daí, ao nos visitar, Cavalheiro perguntava o que eu estava escrevendo. Às vezes lia uma página ou outra. Eu gostava quando alguma passagem o fazia rir.

– Pelo jeito leu muito Anatole.
– Tudo que foi traduzido.
– Agora chega. Leia Machado, Eça, Raul Pompeia.

Eu atenderia ao conselho de Edgard, mas havia ainda muito de jovem em mim. Descobrira havia pouco outro Edgar, o Allan Poe, americano, o pai do conto policial, dono de uma narrativa densa como uma floresta virgem. Um estilo maciço, que lembrava uma catedral gótica ou castelo, sem fresta para a luz. Comecei lendo "Os assassinatos da rua Morgue", depois "O escaravelho de ouro" e nem sei quantas vezes o notável "O barril de Amontillado". Leria, inclusive, os poemas de Poe, negros e enfumaçados.

Descobrir um grande escritor é sempre um estímulo para quem se inicia no ofício, e por Edgar Allan Poe nenhum aprendiz passa indiferente. E, se passar, jamais chegará a lugar algum.

Poe abriu-me as portas para um gênero pouco conceituado, o policial, mas que exige uma carpintaria sólida e uma capacidade impecável de desenvolver enredos. Depois de Poe conheci o inglês Conan Doyle e seu detetive Sherlock Holmes, para mim mais que um entretenimento. A ficção policial, muito técnica, não permitia o improviso e a divagação, lição que servia à prática de qualquer gênero. Em seguida descobri mais um Edgar, também inglês, Edgar Wallace, cujos romances farejam o perigoso submundo londrino. Wallace fez sucesso, inclusive, no cinema, tendo se transferido para Hollywood, onde escreveu um roteiro que ainda hoje rende dinheiro: *King Kong*. Não usufruiu o sucesso, morreu antes da filmagem. Muitos anos mais tarde eu voltaria a me tornar leitor de policiais, incluindo na lista de meus favoritos Eric Ambler, Raymond Chandler, Dashiell Hammett, William Irish, Ira Levin, W. R. Burnett e Patricia Highsmith, mestres da arte de tramar uma narrativa envolvente e também da dialogação, sempre justa e espontânea. André Gide fora sincero ao dizer, em seus *Diários*, nos anos 30, que aprendia a escrever lendo o então desconhecido Dashiell Hammett. Causou algum escândalo, mas valeu para o reconhecimento definitivo de Dashiell e de outros escritores das chamadas coleções amarelas.

Enquanto lia, continuava escrevendo. Consegui publicar outros contos, mas sem demonstrar progresso. Depois da linha dos retratos familiares, perdera-me de novo. Não acertava mais nada. E também não decidira o que fazer da vida. Jornalismo? A guerra adiava todos os projetos. Felizmente agora o fim aproximava-se. Os aliados ocupavam toda a França e rompiam a Linha Siegfried. Os russos, tendo reconquistado quase todo o seu território, apossavam-se dos Bálcãs e da Polônia. E os japoneses, que haviam ameaçado dominar a Austrália e a Índia, recuavam na China e em todo o Pacífico.

Quando completei 20 anos, em fevereiro de 1945, a guerra estava no final. Eu traduzia e também começava a publicar artigos. Vivíamos no Brasil uma dupla expectativa, do fim da guerra e talvez do fim do Estado Novo. Não havia sentido em lutarmos do lado das democracias sendo um país ditatorial. À medida que a guerra lá fora terminava, a luta aqui adquiria novos contornos. Agora me concentrava também na leitura do noticiário local, prevendo mudanças importantes.

A Alemanha rendeu-se em junho, quando as forças russas e aliadas se juntaram em Berlim. Hitler suicidou-se, Mussolini foi morto por guerrilheiros, Laval, fuzilado. O Japão, porém, resistia, pois sua invasão, devido às distâncias, seria quase impossível. Depois, transferir para o Oriente as exaustas forças que combateram a Alemanha era tarefa para dois anos, como previam. Forçar a rendição através de bombardeios também era uma impossibilidade. A guerra ameaçava prolongar-se por muito tempo ainda e matar milhões de pessoas, além dos cinquenta milhões que já matara.

As duas bombas atômicas de agosto daquele ano puseram fim aos seis anos de guerra. Ninguém a suportava mais. O mundo queria acordar do pesadelo, respirar. Tojo, o primeiro-ministro japonês, foi fuzilado, e Hiroíto, o imperador, deixou de ser divindade. Começou em todo o mundo o regresso dos soldados e da normalidade. Parte da Europa teria de ser reconstruída.

Uma nova vida ia começar.

Inclusive para mim.

Interlúdio carioca:
o calor e a maioridade

Num sábado, em outubro de 1945, parti para o Rio de Janeiro. O Rio era o paraíso dos brasileiros ambiciosos. Naquela época tudo o que havia de melhor estava lá. São Paulo, muito provinciana, não exportava popularidade nem acontecimentos. Além do Edifício Martinelli e de suas chaminés, nada tinha para mostrar. A própria garoa estava sumindo. O Rio, a capital federal, era até mais populoso que a São Paulo de um milhão e meio de habitantes. Lá concentravam-se o poder e as pessoas mais importantes e famosas do país. Sempre sonhei conhecer o Rio e invejava alguns amigos que o conheciam. Minha oportunidade surgiu através de meu irmão Mário. Associado a amigos, abriria uma editora com filial no Rio. Eu seria provavelmente o único funcionário na filial. A princípio eu viveria das traduções e de um pequeno salário. Nem me preocupei com dinheiro. Assim que meus pais concordaram, fiz algumas contas, apanhei um trem superlotado e, doze horas depois, atordoado, desembarcava com duas malas na capital federal. Podia orgulhar-me. Poucos paulistas conheciam o Rio. Muitos haviam ido na lua de mel e nunca mais.

PRAIA DE BOTAFOGO – AVENIDA BEIRA-MAR.
RIO DE JANEIRO, DÉCADA DE 1910.

Primo, um conhecido da família, recém-chegado ao Rio, esperava-me na estação, inquieto. Trazia uma notícia preocupante. A vida lá, descobrira, era muito mais cara que na capital paulista. Meu salário não daria para uma acomodação decente ou razoável. Alguém me informara mal. Até as pensões, ditas familiares, eram caríssimas. Então o que ele reservara para mim?

– Uma vaga numa casa de cômodos na Rua da Lapa, esquina da Joaquim Silva, sobre um armazém. Sabe, a Lapa é um bairro meio pesado, mas para viver é o mais barato.

– Disse "uma vaga"?

–Terá dois companheiros de quarto, um não faz nada, dorme o dia todo e só sai de madrugada, o outro é trocador de ônibus. Gente boa.

– Que tal o quarto?
– O chato, além das escadas, é ter de bombar.
– Bombar o quê?
– Água, para tomar banho. Bastam quinze minutos. Não precisa fazer muita força, é uma questão de ritmo, entendeu?
– Nunca bombei água na vida.
– A gente acostuma.

Em seguida pegamos um bonde e fomos para a Lapa, bairro no centro velho do Rio, tão falado nos sambas históricos. O calor estava muito forte e as ruas cheias de gente. Chegamos aonde, durante algum tempo, seria a minha esquina. A construção, com ornatos lusitanos, ainda está lá, muito sólida. Foi duro subir a escadaria com as malas. Primo tinha a chave do quarto. Abriu-o. Lá estavam os dois companheiros. Um dormia profundamente; o outro, pondo um quepe na cabeça, preparava-se para o trabalho no ônibus. Também era paulista.

– Queria ver a bomba – disse eu.
– Você ficou impressionado com essa bomba. Melhor a gente sair um pouco e tomar um chope.

Saímos rumo ao Largo da Lapa. Dezenas de prostitutas troteavam espertas pelas calçadas. O número de marinheiros era grande e não entendi por que tantos norte-americanos, se a guerra já terminara. Aquele devia ser o lugar mais musical do país. Nele enfileiravam-se, assobradados, um quarteirão de cabarés baratos com seus janelões a noite toda abertos sobre a rua. Noel Rosa, falecido havia nove anos, frequentara-os todos, onde se apaixonara muitas vezes e criara grandes sambas.

Foi num cabaré da Lapa
Que eu conheci você
Fumando cigarro
e entornando champanhe
em seu soarê...

CINELÂNDIA.

Do Largo da Lapa chegamos à Cinelândia, muito iluminada devido à fachada dos cinemas. Um cinema atrás do outro, o que para os provincianos paulistas era um deslumbramento.

– Aquele é o Hotel Serrador – disse Primo, mostrando-me um edifício em forma cilíndrica. – Aqui já vi entrarem ministros, políticos estrangeiros, artistas famosos. A diária é a mais alta do país.

Atravessamos a Cinelândia, passamos pelo Teatro Municipal, e então vi um espetáculo inesquecível, em cujo palco pisei como deslumbrado figurante: a Avenida Rio Branco, a via principal do país, nossa *main street*, atopetada de transeuntes que disputavam lugares nos bares ao ar livre. Eu jamais vira um bar em via pública, a não ser nos filmes franceses. Nada me pareceu mais chique e civilizado que sentar e beber nas calçadas. E todas as pessoas pareciam felizes. Que sábado! Alguns pares dançavam no passeio. Um homem de meia-idade, muito bem-vestido, dançava concentradamente com uma maltrapilha vendedora de bilhetes. Terminada a dança, curvou-se, beijou-lhe a mão e voltou a sentar-se. Alguém de *smoking* dançava, elegante, com uma mulher invisível. Casais beijavam-se nas mesas.

– Coisas assim só no Rio – alertou-me Primo. – Em São Paulo é impossível.

Tive a impressão de que ainda se comemorava o fim da guerra. Ou seria sempre assim, festiva, a noite do Rio?

Primo procurou um lugar para nos sentarmos na Galeria Cruzeiro, o coração da Rio Branco, local que os recém-chegados logo queriam conhecer. Não encontramos mesa. A população toda disputava avidamente lugares para sentar. Mas havia os que bebiam em pé, repousando o copo no mármore dos bares. Outros bebiam na porta, ostentando chopes e sorrisos. Fomos ao Largo da Carioca, perto, onde havia, dominando uma esquina, o imenso Bar Nacional, com seus balcões e mesas escuros, um dos mais tradicionais do Rio. Bilac, Emílio de Menezes, Raimundo Correia o haviam frequentado, fora um dos *points* do Parnasianismo.

– Beber aqui é um ato cultural – disse-me Primo. – Não faz mal à saúde. Garçom, dois chopes dos grandes!

– Puxa, essa é mesmo uma cidade maravilhosa!

– Claro que é.

Como no dia seguinte era domingo, pudemos permanecer no bar até tarde. Eu precisava daquela pausa para me informar sobre a cidade e tentar olhar o futuro. A segunda parte era mais difícil. Eu estava fascinado pelo Rio e sentindo a embriaguez da liberdade. Em São Paulo, sob vigilância materna, não poderia aproveitar as madrugadas. Pela primeira vez era dono do meu nariz, solto e responsável, embora não tivesse completado 21 anos ainda. Aquela noite, um marco em minha vida, seria uma noite para coleção, para álbum, dessas feitas para não se esquecer jamais. Só lembrá-la e sinto na boca o gosto do chope e vejo a mais bela das noites diante dos olhos.

Meu pai mostrara tristeza ao ver-me partir. Mas certamente gostaria de estar em meu lugar.

– Noite como a carioca não existe – disse. – Aproveite. Mas com certo cuidado.

O domingo ainda manteve o encantamento do sábado. Levantei-me e saí logo para conhecer a cidade à luz do sol. Então vi o mar pela primeira vez desde a chegada, o doce mar do Flamengo, ainda contido pelo paredão. A imagem de banhistas nos bondes me surpreendeu, eu ainda não acostumado ao *à vontade* do Rio, à sua *sem cerimônia* que escandalizava os paulistanos. Outro choque provocado pelas belezas do Rio eu sofreria ao descer do ônibus em Copacabana, naqueles dias ainda em seu esplendor, uma faixa altamente nobre de praia, sem conflitos sociais à vista. Cartão-postal internacional era, juntamente com o Corcovado, tudo o que se conhecia do Brasil lá fora.

Nesse primeiro domingo fui almoçar numa pensão, na Lapa, uma rua estreitíssima e antiga, de casas baixas e janelas rasteiras. Até recentemente, Primo informou, fora uma rua de prostitutas, que por ordem do prefeito já não podiam ter casa aberta na cidade. Olhei a placa: *Morais e Vale*. Surpresa. Na véspera de minha partida, eu lera um livro de Ribeiro Couto, *Baianinha e outras mulheres*, cujo conto mais bem logrado, "Uma noite de chuva", acontecia exatamente naquela rua. Um sujeito, fascinado por ambientes estranhos, passava por lá, sob pingos de chuva, quando, de uma daquelas janelas rente ao chão, uma voz conhecida de mulher, por trás das persianas, o chamou e o convidou a entrar. O conto, soturno, silabado na madrugada, me impressionara muito, viajara comigo no trem e, mundo curioso, 24 horas após sua leitura, eu pisava a mesma Rua Morais e Vale. Depois, indo à pensão, sempre me perguntaria: seria esta mesma a casa onde Ribeiro Couto situou sua história? Rua de quarteirão único e residencial só de um lado, bem poderia ser.

– Em tudo você vê histórias – disse-me o amigo.

Logo esqueci Ribeiro Couto, passando a registrar as pessoas de carne e osso da pensão. O marido vivia à custa da mulher.

Dois viúvos, cinquentões, recentemente casados. Ela com um casal de filhos. A filha, casada com um cantor da boate Bolero, morava lá com o marido. O filho, vendedor de automóveis, atividade muito rentável no pós-guerra, só aparecia às refeições. Conversava muito, geralmente para ufanar-se do dinheirão das comissões. Mais ainda: exibia seus lucros empilhando montanhas de notas sobre a mesa. O marido tinha uma filha de 16 anos do primeiro casamento, linda escrava da pensão, sempre vista atrás de uma pilha de pratos mal e mal equilibrados. Apesar do seu visual relanceado, entre os sustos do cai não cai e da pressa que lhe exigiam, apaixonei-me por ela. Talvez fosse apenas solidariedade. Revoltava-me a indiferença de seu pai, madrasta, irmãos postiços e mesmo dos pensionistas incapazes de lhe endereçar um olhar amigo ou um pedido sem o tom da ordem e da urgência.

Depois de conhecer um por um os moradores da pensão, passei a observar os pensionistas, nos almoços e jantares. Logo me chamaram a atenção dois enormes homens fardados, de aspecto imponente. As fardas, novinhas e cheias de galões, brilhavam de doer os olhos. Incomodava-me tanta ostentação. Não eram, porém, generais, como imaginara, e, sim, porteiros do Hotel Serrador, e, segundo a dona da pensão, típica alcoviteira, ganhavam fortunas em gorjetas. Tinham de tudo: casa própria, sítio, carro e filhos nos melhores colégios. E faziam questão de passar as férias, sabe o senhor onde? No hotel, não como porteiros, certamente, mas na suíte mais cara, quando gratificavam bem os empregados, sem permitir, no entanto, a menor intimidade. Se algum *boy*, ascensorista ou porteiro substituto, antigos na casa, os chamassem de você, reclamavam na gerência.

Diante de mim e de Primo sentavam-se duas encantadoras balconistas da Mesbla, grande loja da Cinelândia, sempre frescas, vestidas nas cores e levezas impostas pelo calor, com uma abertura aqui e outra ali nos vestidos folgados. Primo às vezes tentava interessá-las lançando assuntos em forma de isca. Alguém assistira a determinado filme? O programa *Um milhão de melodias*, da Nacional, estivera formidável na última semana. Ouviram dizer que pretendiam derrubar o Getúlio? E o Prestes, saía ou não saía da cadeia? Elas, porém, as frígidas bonitinhas, nunca tomavam conhecimento de nada. Até sorrisos negavam aos demais pensionistas. E eu e o Primo não éramos os únicos a jogar iscas. Um dentista, também da Cinelândia, sem nossos 20 anos, mas bem instalado nos seus experientes 40, com bom guarda-roupa e melhor clientela – segundo a ciciante dona da pensão –, vivia tentando envolver as balconistas da Mesbla com um papo cheio de manhas e doçuras.

– Sou um solteirão, muito bem de vida, que deseja casar – anunciava-se. – Melhor que isso, onde, senhoritas?

Havia outro fardado à mesa, embora sem os bordados e brilhos dos porteiros, um mulato alto e magro, muito contido e cuidadoso no trato, sempre a dizer *com licença*. Chegava com uma sacola com instrumentos de trabalho e telefones. Técnico da Cia. Telefônica, com cara de bom funcionário, era o único de quem a dona da pensão não falava mal quando saía. Ela cultivava esse hábito: comentar com os que ficavam à mesa a vida dos que já se haviam retirado. Não perdoava nem dona Selma, este nome guardei, uma senhora de ótimo aspecto, bonitona, que sempre trazia da rua um sorriso e sabia manter viva uma conversa. Ouvia também com muito talento e nos passava num simples olhar todo seu calor fraternal.

– Invejo os seus sobrinhos – disse-lhe uma vez, aereamente. – Gostaria que fosse minha tia.

Por que fui dizer isso? Não, pare, minha senhora. Esperava tudo, menos choradeira. E não havia nada que interrompesse aquele rio. Eu acertara algum alvo no escuro.

— Tenho um único sobrinho — disse, inundando um lenço. — Nem sei onde anda. Odeia-me. Já tentou me matar, o filho da...

Ribeiro Couto, simples passageiro, diplomata que se deu ao luxo de morrer em Paris, anotara apenas uma história da Rua Morais e Vale, mas elas continuavam acontecendo duas décadas depois.

A dona da pensão, debruçando-se sobre a mesa, referia-se a episódios que ignorávamos da vida dos pensionistas.

— Não é pra falar mal, mas dizem que esta Selma foi uma grande galinha quando moça. Hoje se faz de santa, mas eu não engulo.

Mostrava sempre a face oculta das pessoas. Do dentista da Cinelândia, disse certa vez, assim que ele deixou a sala:

— Este passa como solteirão, mas responde a processo por bigamia. A mim não engana.

Havia um bom velhinho, simpático funcionário público, que às vezes almoçava na Morais e Vale. Apesar de gentil com todos, não escapou da dona da pensão.

— Não é pra falar mal, mas esse senhor com cara de Papai Noel esteve preso um tempão. Violentou uma menina. Vendo ele assim, quem diria?

Meu amigo Primo, irritado com as maledicências, combinou comigo:

— Eu termino o almoço e saio antes. Quero saber o que ela diz de mim.

E assim foi. Ele almoçou, levantou-se e saiu.

A dona da pensão sentou-se e disse com seu jeitinho:

— Viram esse paulista? Sabe o que faz no Rio?

Ninguém sabia. Nem eu.

— Esconde-se da polícia. Andou metido com os comunistas de lá e teve de fugir.

Encontrei-me com o Primo na esquina e contei o que a dona da pensão dissera.

— Uma caluniadora — comentei. — Disse que você está no Rio se escondendo da polícia paulista por causa de Comunismo.

— Ela disse isso?

— Para todos ouvirem. Como é que inventa uma coisa dessas?!

— Ela não inventou.

— O quê?

— Estou mesmo me escondendo da polícia paulista. Como ela soube é que não sei.

— Melhor não voltar mais lá.

— Besteira, volto, sim. Ela pode ser o que for, mas faz o melhor bolinho de bacalhau da cidade.

No Rio, comecei a conhecer pessoas e a penetrar nos seus mistérios. Literatura não se tira do nada. A vida é a fonte. Travei contato também com os moradores da casa de cômodos. Antes, porém, tive de aprender a bombar água. Tornei-me excelente nisso. Era mesmo questão de jeito e ritmo. As mulheres até me pediam para encher a caixa. Eu, já amigo de todos, largava a máquina de escrever e ia acionar a bomba.

Havia pessoas ali que jamais descobri como viviam. De onde vinha o dinheiro? Ficavam no quarto ou pelo corredor, conversando. Na semana de minha chegada, um desses moradores saía do banheiro com uma toalha em torno do corpo, cantarolando um bonito samba quando dois tiras o agarraram, acusando-o de bater carteiras no Beco das Marrecas. Ele não reagiu nem disse nada, acostumado talvez a invasões de privacidade. Dia infeliz, nada mais. Vestiu-se rapidamente e saiu ladeado pelos policiais. Ao passar por mim, fez um cumprimento polido. Outro pensionista a quem contei o fato, minutos depois, ouviu placidamente e apenas comentou:

— Coisas da vida.

— A polícia disse que é batedor de carteiras.

— Cada um faz o que sabe, garoto.

Ali ninguém se interessava pela vida dos vizinhos. Todos talvez tivessem algum tipo de culpa no cartório. A convivência porém não era difícil. Os inquilinos cumprimentavam-se e prestavam-se pequenos favores quando faltavam sabonete, lâminas de barbear, cigarros, fósforos e cervejas. Gostavam de rir, cantar e às vezes circulavam pelos corredores com violões, cuícas e reco-recos.

O fato de ser paulista despertava certa curiosidade. Eu vinha do Estado que enfrentara o Brasil todo em 1932, o mais rico da União. Paulista era um pouco estrangeiro lá. Os inquilinos na maioria tinham vindo da Bahia e de outros Estados do Norte. Naquele tempo os nordestinos migravam apenas para o Rio. Mas havia lá outro paulista, sim, o trocador de ônibus. Chamava-se Palácio, era jovem, muito camarada e trazia os bolsos cheios de moedas. Quando andava, elas tilintavam. Foi ele que me mostrou um jeito de preencher o tempo à noite.

– Nunca foi a um auditório de rádio?

– Em São Paulo fui uma vez ver o Nhô Totico.

– Eu vou todas as noites na Tupi, Tamoio, Rádio Clube, Mairink Veiga, Nacional. Quer ir comigo?

Não fui com Palácio poucas vezes, fui dezenas. Os auditórios representavam um novo tipo de entretenimento. Ver de perto apresentadores, cantores, produtores e atores das radionovelas empolgava o público. Às vezes era preciso sofrer nas filas e dar cotoveladas para garantir um lugar, principalmente quando cantavam Dircinha e Linda Batista, Orlando Silva, Francisco Alves, Carlos Galhardo e Sílvio Caldas. Os programas humorísticos também chamavam grande público, bem como certas horas de calouros. O que eu não imaginava era entrar para o rádio três anos depois e ter muitos daqueles que aplaudia, ao lado do Palácio, como colegas de trabalho e amigos, enquanto outros, redatores desses programas, como ferrenhos competidores, inimigos profissionais. E ainda menos podia me ver escrevendo *Café na cama*, romance de 500 páginas, desenvolvido nos bastidores do rádio e da televisão.

PROGRAMA DE AUDITÓRIO
DA RÁDIO NACIONAL.

Os donos da casa de cômodos não moravam lá, moravam mais adiante, na mesma Rua da Lapa, onde também alugavam quartos e para onde eu me transferiria mais tarde. Ele se chamava Constantino, ex-embarcadiço triestino, um tipo atarracado, sempre enfiado numa surrada camisa de meia. Já vivera em Nova York e noutras grandes cidades, explorando o mesmo comércio com sua mulher, dona Xute (soava assim), uma italiana baixa e gorda, vestida permanentemente de preto. Parecia temer o ex-lobo do mar, seu marido, que preenchia o tempo conversando com os inquilinos, a brincar com uma caixa de fósforos sobre a mesa. Mantinha bom relacionamento com o distrito policial, necessário quando algum inquilino atrasava o aluguel. Certas noites, talvez datas históricas, Constantino recebia compatriotas triestinos, todos ex-navegantes, e cantavam embriagados, até amanhecer, marchas e canções socialistas. Sussurrou-se que pertenciam a alguma agremiação política. Foi o que a própria Xute acabou me confessando, enquanto o lobo dormia, depois de me fazer jurar que não contaria a ninguém na casa de cômodos.

– Constantino é comunista.

– Seu Constantino? Não podia imaginar seu marido filiado a um partido operário. Passa o dia todo sentado.

– Ele diz que, enquanto não vier o comunismo, não moverá uma palha.

Homem de princípio estava lá. Realmente nunca o vi mover uma palha.

Eu não ia apenas aos auditórios de rádio. Frequentava cinema no mínimo três vezes por semana. Depois descobri as bibliotecas: a Biblioteca Nacional e a do Ministério da Educação, na Esplanada do Castelo, considerado na ocasião o mais belo edifício público do Rio. Havia outra, na Rua Rodrigo Silva, que alugava livros. Na Biblioteca Nacional reencontrei alguns clássicos nacionais, Manuel Antônio de Almeida, Aluísio Azevedo e Lima Barreto. Teria novo encontro com Machado de Assis a caminho de considerá-lo um mestre definitivo e guia nos períodos de confusão e desânimo. Ainda hoje o releio quando perdido na floresta. A biblioteca do Ministério da Educação estava sempre deserta. Nunca encontrei lá nenhum leitor. Eu era o único. Quando eu entrava, os bibliotecários ficavam aliviados e sorriam-me. Afinal alguém para justificar o salário.

– O senhor quer água gelada?

O leitor mais caro do Brasil. Para que eu frequentasse aquela maravilhosa biblioteca, o governo gastava milhões. Quando me sentava para ler, observado pelos funcionários, tinha de lhes sorrir sempre que virava uma página.

– Quer que liguemos o ventilador?

Era tratado a café, água gelada e havia um ventilador só para mim. Apesar de toda essa atenção da equipe de funcionários a meu dispor, preferia a pequena e desorganizada biblioteca de aluguel. Alugar dois livros por vez para ler no quarto era muito melhor do que frequentar bibliotecas públicas. Os leitores de biblioteca, calados, imóveis, atentos, pareciam estar lendo por obrigação, castigo ou tarefa. Diletante de ambientes, como o personagem de Ribeiro Couto, ficava adivinhando que motivo os levara à biblioteca, não queria me tornar um deles, leitor obrigatório, sujeito a horários. Nessa biblioteca de aluguel topei com um livro que andava fazendo sucesso no mundo todo. *Judeus sem dinheiro*, do jornalista americano Michael Gold, romance socialista, aliterário, sem preocupações estilísticas, mas capaz de chocar e comover. O despojamento total era seu trunfo. Lembro-me que então reli um romance de Anatole France e não deu para suportar. Meu caminho talvez passasse pelo de Michael Gold, com toda a sua crueza e realismo. O mundo do Rio, que dia a dia conhecia melhor, das casas de cômodos e das favelas, estava bem próximo daquele descrito por Michael.

Na pequena biblioteca de aluguel encontrei também dois livros cujo autor já conhecia de nome, Mark Twain: *As aventuras de Tom Sawyer* e *As aventuras de Huckleberry Finn*. Mark, americano, falecido em 1911, expressava-se numa linguagem espontânea, comunicativa, aparentemente simples, que servira de modelo para toda uma geração de escritores norte-americanos. Menino pobre, tivera uma infância solta, entre camponeses, negros escravos, velhas rabugentas e jogadores malandros que navegavam pelo Mississipi. Escritos para a juventude, esses dois livros foram lidos avidamente por pessoas de todas as idades. Ali estava um escritor que eu devia reler de quando em quando.

Passado o encantamento pelo Rio, voltei a escrever. Fazia as traduções e alguns trabalhos para a tal editora, entre eles, passar para o brasileiro uma tradução portuguesa de um romance francês, *Mulher, marido e amante*, de autoria de Paulo de Koch, um escritor popularíssimo na Europa, no século XIX. Escrevi também contos baseados em minhas experiências na Lapa. Num deles inspirei-me num morador de casa de cômodos muito útil à comunidade nos curto-circuitos, novas instalações elétricas e mesmo quando os rádios pifavam. As mulheres, mais que os homens, viam nele um mago, alguém capaz de operar milagres. E, discretamente ou não, apaixonavam-se por ele. O conto chamei de "O mágico de Oz", aludindo ao filme, e o reescrevi não sei quantas vezes antes de publicá-lo na revista *Oriente*. Nunca, porém, saiu perfeito, pois não consegui captar a atmosfera e a sensualidade da casa de cômodos.

Outro conto foi inspirado num fato curioso. Um inquilino desapareceu da noite para o dia sem pagar o aluguel, deixando no quarto uma montanha de papéis. Milhares de folhas. Disse-me o Constantino que o desaparecido, um doido, se dizia escritor. Escrevi então uma história em que um novo inquilino, homem inteligente, lera a papelada, descobrindo nela contos e romances muito interessantes. Teve então uma ideia: passar tudo à máquina com capricho e apresentar aos jornais e revistas. Como tinha bom papo, virtude que o autor não teria, conseguiu publicação – assinando certamente seu nome. Os contos agradaram, ganharam concursos, mereceram boas críticas e o falso escritor deu entrevistas muito simpáticas. Já estava no auge da fama quando o caloteiro da casa de cômodos, o verdadeiro escritor, apareceu. Fugira do manicômio para reclamar seus direitos autorais. Mas quem acreditaria num louco? Foi exposto ao ridículo e voltaria compulsoriamente ao hospício se o homem a quem acusava de se apossar de sua obra não interviesse. Bem de vida, e muito solicitado, até que precisava de um secretário... Intitulei esse conto de "Profissão de contista" e mais tarde o adaptei para o rádio. Não acertei porém as medidas.

Como o anterior, não me satisfez plenamente, faltava não sei o quê (ou tinha demais?) e jamais o publiquei em livro.

    Mesmo morando mal e já não acreditando na editora, cuja inauguração fora adiada, continuei no Rio. Voltar seria reconhecer um fracasso. Além do mais, agradava-me a vida na capital do país. Circulava o tempo todo pela Lapa e já era reconhecido como habitué da Galeria Cruzeiro, do Café Indígena, da Cinelândia e dos bares do Largo da Carioca. Ao passar pela esquina das ruas Lapa e Taylor, cumprimentava o famoso Madame Satã, homossexual valentão, sempre às voltas com a polícia, que respondia ao cumprimento com um sorriso enviesado. Acostumara-me também à música noturna dos cabarés, na maioria sambas-canções desconhecidos das gravadoras. Anos mais tarde, ouvindo o cantor Jamelão, perguntava-me se ele não trabalhara naqueles cabarés em meus tempos de Lapa. O tom de voz, doce-amargo, rouco, era o mesmo, bem como o das cantoras lembrava-me o anasalado de Aracy de Almeida.

    As noites, principalmente as de sábado, eram especialmente quentes na Rua da Lapa. Em todos os sentidos. Era o dia da semana em que cafetões, os cafiolos, acertavam as contas. Mais de um, de terno branco e sapatos bicolores, morreu sob minha janela, esfaqueado. Um deles encheu a noite de palavrões até se findar. Mesmo nessas situações a música continuava. O *show* da Lapa não podia parar.

    Muitas vezes eu me afastava do centro. Pegava o trem na estação Dom Pedro I e ia para o subúrbio. Méier, Engenho de Dentro, Cascadura, Piedade, Encantado. Mas não gostava. Havia miséria demais e gente muito feia. A pobreza da Lapa era diferente, tinha graça, estilo e até beleza. Todos lá pareciam personagens ou figurantes de uma grande ópera. E para meus 20 anos as mulheres eram muito atraentes.

    Na Lapa a noite começava mais cedo. Às cinco horas da tarde havia um *footing* que se prolongava até às oito. As mulheres passeavam pelo meio da rua e os homens observavam das calçadas. Em São Paulo eu conhecera *footings*, porém mais inocentes, onde as moças procuravam namorados. Lá os interesses eram outros, mais breves, objetivos. Conheci aí gente com nome no baixo mundo, assídua no noticiário dos jornais. No entanto, assassinatos e assaltos eram raríssimos e as cenas de sangue aconteciam apenas entre os figurões da Lapa, quando interesses se cruzavam. O tóxico ainda não aportara lá.

Cheguei ao Rio em outubro, e em dezembro Getúlio caiu, derrubado pelos próprios militares que o sustentavam no poder. Passei horas olhando o palácio do Catete, a sede do governo, cercado de soldados. Acabara a ditadura do Estado Novo. As eleições foram marcadas para breve, e Vargas voltou à arena apoiando o marechal Eurico Gaspar Dutra, um homem pequeno cujo maior feito em quatro anos foi fechar os cassinos, uma das grandes atrações cariocas. Concorreram com ele o brigadeiro Eduardo Gomes, franco inimigo de Getúlio, e um candidato apoiado pelos comunistas, Yedo Fiuza. Dutra ganhou fácil. Estava aberto o caminho de retorno para Vargas, em 1950. Após o fim do Estado Novo, interessei-me mais por política nacional. Na biblioteca de aluguel procurei tudo o que fora publicado sobre nossa história recente.

Foi um azar para mim quando a pensão da Morais e Vale se mudou. A comida lá era boa e barata, e era muito divertido observar os pensionistas. Quanto à proprietária, língua como a sua jamais encontraria. Tive de fazer minhas refeições em restaurantes. Certamente não nos melhores. Nem nos médios. Frequentei um histórico, o Reis, por onde passou muita gente ilustre, vivendo uma fase má no Rio. Ibrahim Sued referiu-se ao Reis inúmeras vezes como marco de um passado miserável. Comer no Reis era muito mais degradante que passar fome, algo equivalente a um colapso moral.

Pouco melhor que o Reis era a pensão do Montagna, na Gomes Freire, indicada pelo Constantino, cujo dono também era triestino, ex-embarcadiço e comunista. Servia uma tal sopa, *specciale*, que vinha fervendo em pleno calor carioca. A carne, sempre preta, dizia que viera da Argentina, mas ninguém sabia quando. Por fim fixei-me na pensão Estrela porque gostei da proprietária, uma judia de uns 60 anos, dona Sarah, sempre com um sorriso encantador e um cigarro no canto dos lábios. Simpatizando comigo, sentava-se à minha mesa, oferecia-me cigarros e conversava num inglês pausado para que eu entendesse. Ficamos muito amigos e ela contou-me parte de sua trágica história. Perdera a família nos campos de concentração nazistas, estava sozinha no mundo. Só tinha pensionistas. Mas não era uma mulher amarga, pelo contrário, sempre bem-humorada e interessada nas pessoas. Contei a ela, intimamente, tudo que poderia contar. Inclusive o sonho de tornar-me escritor, quase um segredo. Às vezes segurava minha mão entre as dela. A amizade cresceu. Um dia que não pude ir almoçar, segundo o depoimento do Primo, ficou preocupada. Fazia questão de encher meu prato mais que o dos outros. E, quando aumentou o preço da refeição, abriu uma exceção para mim.

Catorze meses depois de ter chegado ao Rio, não havia mais motivo para continuar lá. O plano de fundar a editora ruíra havia muito. Constantino exigiu minha vaga. Outro triestino estava interessado nela. Resisti, mais para aborrecê-lo. Ele ameaçou: se eu não saísse de sua casa de cômodos, teria de explicar no distrito o que estava fazendo no Rio. Eu não tinha emprego. O jeito foi fazer as malas e despedir-me de Sarah. Senti, pelo seu olhar, que eu era como outro parente partindo.

– Fumemos um cigarro juntos – disse ela. – Será a mais longa despedida que já tive.

Ao voltar à pensão para pegar as malas, Constantino, mais safado que o normal, propôs:

— Se pagar o dobro, pode ficar.

Algo em seus planos devia ter saído errado. Quem sabe pudesse vingar-me como Edmundo Dantes.

— Posso ficar mesmo?

— Vou lhe contar. O triestino roeu a corda. Fique.

— Tenho de dar um pulo a São Paulo. Volto em quinze dias. Garante a vaga?

— Garanto.

— Palavra de triestino?

— Palavra.

— Quinze dias.

— Pode ir, paulista. Quinze dias.

Mentira, não pretendia voltar. Que se danasse o Constantino. Fui embora. Estava terminando um capítulo de minha vida. Como seria o próximo?, indagava no trem. Mas me sentia feliz por voltar para casa e morria de saudade dos pais e irmãos.

A volta a São Paulo e mil grandes escritores

Em novembro de 1946, regressei a São Paulo. Já magro, emagrecera ainda mais no Rio. Debilitado, sofrendo de cólicas intermitentes, parecia estar com um pé na cova. A família teve de correr para salvar-me. Quando me julgavam um caso perdido, levantei e fui dar um passeio pela cidade. Era uma linda manhã de sol e eu tinha apenas 22 anos. Precisava manter-me vivo.

Nossa Rua dos Campos Elíseos em nada se parecia com a da Lapa carioca. Dormia cedo e não tinha fundo musical. Por ela não transitavam personagens famosos nem apresentava em seu palco assassinatos ao luar. Mas me pareceu mais aconchegante, ensolarada que antes da viagem. Prometi a mim mesmo jamais rir de histórias sentimentalonas de pessoas voltando ao lar. A grande atração de minha casa no final de 1946 era uma nova eletrola do Mário e sua coleção de discos de 78 rotações. A maioria de músicas norte-americanas: *jazz*, canções, *blues* e velhos foxtrotes. Os discos quebravam-se facilmente e, pior, a cada doze discos escutados precisava-se trocar a agulha. Às vezes acabavam no melhor da festa. Agulhas permanentes e discos inquebráveis, de plástico, surgiriam logo depois, bem como os de 33 rotações, os *long-plays*, que concentravam até doze músicas numa única unidade. Eram as maiores invenções desde o cinema falado.

COM MEUS PAIS NO GUARUJÁ, MEUS TEMPOS DE *AMARCORD*.

Ouvíamos músicas de George Gershwin, Cole Porter, Richard Rodgers e Jerome Kern o dia inteiro, pela eletrola ou pelo rádio, numa época em que era feio apertar a mão de algum fã de música sertaneja. E Bing Crosby, Sinatra, Ella Fitzgerald, Dinah Shore, e mais tarde Nat King Cole, as vozes mais ouvidas em casa. Aquela era a grande música popular do século, o som do novo mundo, e ouvi-la, horas a fio, carregava as baterias de minha imaginação e fazia de mim um jovem *up-to-date*.

A biblioteca da família enriquecera-se com as traduções da coleção Nobel, da Editora Globo, o melhor na literatura estrangeira. Nessa ocasião li um livro decisivo: *Escritores norte-americanos e outros*, de Almiro Rolmes Barbosa, com ensaios e dados biográficos de autores que marcariam minha próxima etapa de leitor e escritor. Um deles, já meu conhecido da biblioteca de aluguel do Rio, tornar-se-ia meu ídolo durante algum tempo, John Steinbeck, autor do fabuloso romanção *As vinhas da ira*, do delicioso *Boêmios errantes* e da extraordinária novela *Ratos e homens*. Dele leria também, com grande prazer, *O grande vale*, contos, e o *Pônei vermelho*. Ainda conservo a obra toda de Steinbeck na estante, mesmo seus romances menos importantes ou repetitivos.

Passei a ler seguidamente diversos autores ao mesmo tempo. Li Erskine Caldwell, autor de *A estrada do tabaco*, romance e caricatura, e, ansiosamente, também, *Chão trágico*, *O missionário*, *O pequeno acre de Deus*, *Georgia boy* e o antológico conto "Ajoelhai-vos ao sol nascente". Sem o lirismo de Steinbeck, Caldwell impressionava pela rudeza e pelo sádico senso de humor.

Hemingway foi, porém, descoberta mais importante. Com ele eu aprenderia a fazer diálogos despidos de formalismo e descrições mais breves e densas. Sua melhor produção são as histórias curtas. Um dos meus prediletos é "Assassinos", duas vezes adaptado para o cinema. Quanto a seus romances, o mais perfeito, dizem, é *O velho e o mar*, o ápice de sua carreira, mas prefiro *O sol também se levanta*, pela sua aparente impremeditação e retrato de uma geração. Mas não posso esquecer a novela *A vida curta e feliz de Francis Macomber*, obra-prima. Antes de ler os livros citados já conhecia *Adeus às armas* e o famoso *Por quem os sinos dobram?*, com suas aulas sobre o diálogo. Muitos anos depois publicaria o delicioso *Paris é uma festa*, de memórias e depoimentos. A carreira de Hemingway teve altos e baixos e, por exaustão, entrou em parafuso no final, razão provável de seu suicídio. Houve momentos em que ele se limitava a copiar a realidade, fiel à sua formação de jornalista. Era quando surgia o pior Hemingway. Nos seus últimos livros restou-lhe o estilo, límpido, conciso, afiado, mas a fonte se exaurira. Só a mediocridade é inesgotável.

Theodore Dreiser, o mais velho daqueles escritores, foi outra descoberta importante. Seus romances *Carolina* e *Uma tragédia americana* impressionaram-me. Jamais conhecera personagens mais vivos. O grande folhetim moderno! Eu custaria a esquecer aquela selva de pedras, descrita por Dreiser.

As paixões literárias sucediam-se. Uma das novidades era o americano, filho de armênios, William Saroyan, autor de um conto, "O jovem audaz do trapézio volante", cujo estilo musical como uma canção o faria famoso. Animado, inundou o mercado de livros de contos, gênero que a seu jeito se confundia com a crônica. Saroyan era engraçado, romântico, espontâneo, original, apaixonante. Escreveu um romance de guerra, *A comédia humana*, inúmeras peças teatrais, entre elas a inesquecível *The Time of Your Life (Nick Bar)*, concedeu mil entrevistas e compôs uma balada, "Come on-a My House", que Rosemary Clooney cantou. No fim dos anos 50, considerado açucarado e superficial, caiu no mais total esquecimento. Sua bela obra estourou como uma bolha de sabão. Reviverá algum dia, como aconteceu com a de Scott Fitzgerald?

Outros romancistas não me despertaram propriamente paixão, mas interesse técnico. John Dos Passos, autor de *Manhattan Transfer* e da trilogia *U.S.A.*, foi um deles. Seus romances eram imensos painéis da sociedade norte-americana no pós--Primeira Guerra. Os capítulos começavam pelas notícias de jornais da época, o olho cinematográfico. O personagem e suas ações decorriam dos acontecimentos que afetavam a sociedade. Homens-parafusos ligados a uma grande engrenagem. E nada de histórias, apenas *flashes*. Sua técnica correu o mundo literário. André Gide o imitou e Oswald de Andrade, aqui no Brasil, também. Entre todos os autores norte-americanos daquela fase de ouro, foi talvez o que mais depressa envelheceu. Virou curiosidade estilística, nada mais. É esse o fim da maioria dos experimentalistas. Seu patrício Sinclair Lewis, menos pretensioso, vencedor do Nobel, ao contrário de Dos Passos, deixou uma obra digestiva e por isso mesmo bafejada pela fama e fortuna. Ler o *Babbitt*, uma sátira ao americano médio, tornou-se uma obrigação nos Estados Unidos. Escreveu, ainda, *Fogo de outono*, *Rua Principal*, *Dr. Arrowsmith* e muitos outros. Romances lineares, algo folhetinescos, porém fiéis como retratos de uma nação em luta pela sua afirmação.

William Faulkner, que eu teria a oportunidade de ver e até de conversar através de intérprete, o professor Morton Zabel, aqui em São Paulo, permanece como enigma para a maioria dos leitores. Depois de ler *Ulysses*, de James Joyce, em voz alta, resolveu trocar seu estilo meramente realista, fixado no pós-Primeira Guerra, por outro, muito mais elíptico e penumbroso. Para apreciar Faulkner, é preciso primeiramente familiarizar-se com sua linguagem impenetrável e cheia de círculos, saber orientar-se através da fumaça faulkneriana, saltar obstáculos linguísticos. E sobretudo decifrar seus personagens, verdadeiros fantasmas de uma sociedade em extinção. *O som e a fúria*, *Luz de agosto* e *O mundo não perdoa* são alguns dos seus livros mais apreciados. Incluo entre esses *Santuário*, que Faulkner julgava comercial. Mas o que ele dizia em entrevistas não era para ser levado a sério, pois gostava de surpreender ou confundir com afirmações enganosas. O que aprendi com ele? Que nem tudo deve ser explícito, claro demais. A beleza não está só na luz, mas também nas sombras. E o encanto das personagens reside numa certa dose de mistério.

Tive de ler Dorothy Parker em português de Portugal, um desafio aos brasileiros quando se trata de traduções. Em sua reduzida obra de um livro só, Dorothy reuniu verdadeiras pérolas da leveza, da ironia, da graça e da sofisticação. Era o Cole Porter da literatura. Tratei de conhecê-la em inglês, quando travei contato com Francis Scott Fitzgerald, cuja obra estaria em minha estante muito antes que se falasse dele no Brasil. *Seis contos da era do jazz*, *Belos e malditos*, *O grande Gatsby*, *A derrocada*, *Suave é a noite*, *O último tubarão*... Preferi não avaliar se Fitzgerald era ou não um grande escritor. O que é um grande escritor? Talvez o máximo que um escritor possa ser é o espelho de uma região ou país em determinado momento. Mais que isso é geralmente mera pretensão.

Não quero prolongar demais este capítulo, mas há outros escritores, talvez menores que os citados, cujos livros repercutiram naqueles anos famintos de leitura. James M. Cain, de *O destino bate à sua porta* e *Dupla indenização*, foi um deles, com seu estilo seco, aceso, substantivo, sem nenhum cerebralismo. Mas ele teve um forte concorrente, Horace McCoy, autor de *Mas não se matam cavalos?*, a história de uma trágica maratona de dança, nos dias da depressão americana, conhecida pelo cinema como *A noite dos desesperados*. Na maioria, eram esses autores advindos do jornalismo, como o próprio Hemingway, com quem aprenderam o estilo, a rudeza, mas nem sempre as sutilezas do mestre.

Evidentemente não lia apenas os escritores norte-americanos. Chegava ao Brasil, via Nobel, *O delator* e *O puritano*, do irlandês Liam O'Flaherty, da linha dura de um James Cain. O inglês Somerset Maugham era de todos os europeus o mais lido aqui, e seus romances *Servidão humana*, *Férias de Natal*, *Um gosto e seis vinténs* e o livro de contos *Histórias dos mares do sul*, best-sellers. O *Contraponto*, de Aldous Huxley, assim como *Também o cisne morre* e *Sem olhos em Gaza*, satisfazia a um público mais sofisticado e exigente. Apesar de sua formação científica, Huxley sabia chegar também ao leitor médio, conquistando-o inteiramente com o *Admirável mundo novo*. André Gide, filósofo católico, um dos grandes pensadores do século, era enfim traduzido para o português: *O imoralista*, *Os subterrâneos do Vaticano* e *Os moedeiros falsos*. De Julien Green, americano que vivia na França, lançava-se aqui *Leviatã*, romance com o qual o meu de estreia, *Um gato no triângulo*, tem algum parentesco. Bruno Traven, que ninguém sabia quem era, nem onde nascera, se na Alemanha, México ou Estados Unidos, empolgou minha geração com *O tesouro de Sierra Madre*, *A ponte nas selvas* e *O barco dos mortos*. Foi nesse embalo que li o perturbador *A condição humana*, de André Malraux. Um pouco tardiamente o Brasil conheceu Joseph Conrad, escritor polonês que escrevia em inglês admiravelmente. Seus romances continuam muito lidos: *Lord Jim*, *Vitória*, *Tufão*. Há os que leem Conrad e depois param: melhor que isso, impossível. E realmente seu texto é um dos mais elaborados. Eu li, vi no teatro, acompanhei o pensador que foi o maior ícone daqueles anos e que, com uma só palavra, existencialismo, explicava ou justificava todas as nossas inquietações, anseios, temores e loucuras. Somente um selvagem não lia *A náusea*, *O muro*, *A idade da razão*, ou não assistira no teatro *A prostituta respeitosa*, *Entre quatro paredes*, *As mãos sujas*, *O diabo e o bom Deus* e *O prisioneiro de Altona*. Jean-Paul Sartre era o tema diário de artigos nos jornais, da maioria das conferências e principalmente das mesas de bar. A mocidade, mesmo apressadamente, o amava. Bar em que se discutia Sartre, como o Nick Bar, anexo ao Teatro Brasileiro de Comédia, dava lucro. Para muitos ele representava o renascimento da França, após o vexame da guerra, observação amparada no retorno do cancioneiro francês, na voz de cantores como Charles Trenet, Jean Sablon, Edith Piaf e Juliette Greco. Nunca mais, naquele século, outro escritor atuaria tanto como modelo de comportamento e rebeldia, despertando uma admiração vizinha do fanatismo.

Bons tempos aqueles, entre o final da guerra e parte dos anos 60. Nunca se lera tanto no país, e, graças às traduções, o privilégio de conhecer grandes autores deixava de ser exclusividade de poucos. Falava-se tanto de escritores importantes, de Hemingway a Thomas Mann, que equivocadamente cheguei a acreditar que o país saía, afinal, do subdesenvolvimento.

Enfim, o profissional: eu no rádio

Em abril de 1949 comecei a trabalhar como redator de rádio. A *Folha de S.Paulo*, jornal que meu irmão secretariava, adquiriu a Rádio Excelsior, então propriedade da Cúria Metropolitana, e ele foi indicado para dirigi-la. Eu, colaborador do jornal, fui como redator, no início com dois outros jornalistas, o gaúcho Carlos de Freitas e José de Castro Fontenele, o educador José Ferreira Carrato, além de Waldir Wey, este radialista tarimbado. Mais tarde, ingressariam na equipe André Casquel Madrid, vindo da Bandeirantes, Heitor Carillo, produtor de musicais, e o redator de rádio e publicidade Amador Galvão de França. Para chefiar a redação contratou-se Jerônimo Monteiro, um conhecido escritor de ficção científica e policial que assinara no passado um famoso programa de rádio, o *Dick Peter*.

Por algum tempo eu teria de me conformar em ser apenas um leitor. Fazer literatura, nem pensar. Precisava aprender a escrever programas de rádio. Naqueles tempos o rádio tinha tudo que a TV tem hoje: novelas, minisséries, *shows*, programas humorísticos, infantis, juvenis, esportivos, documentários, radiojornais, reportagens, entrevistas. Em seu *cast* havia apresentadores, locutores, narradores esportivos, atores, humoristas, cantores, uma orquestra completa, conjuntos instrumentais e vocais, técnicos, datilógrafos. Ocupava estúdios, salas de ensaio, auditórios, redação e departamentos de administração e de publicidade com seus corretores de anúncios. O rádio era a televisão sem imagem. Em São Paulo, a competição entre as emissoras crescia porque havia inúmeras delas com igual poder de fogo. A Excelsior pretendia entrar na disputa.

Meu primeiro programa foi um humorístico, *A família Pacheco*. Seguiram-se: *Show das maluquices*, *Obras-primas do conto universal* (Carlos de Freitas adaptava as obras-primas nacionais), um radioteatro semanal, com diversos autores se alternando em rodízio, e musicais. Eu passava o dia inteiro na emissora, escrevendo, acompanhando os ensaios, assistindo aos programas, participando de reuniões. Lembrava do trocador Palácio, que me apresentara aos auditórios no Rio. Gostaria que soubesse dessa virada do destino, mas nunca mais o vi.

Perdi o hábito de jantar em casa. Para os radialistas o dia e a noite eram uma coisa só. Não ficavam nas filas de ônibus. Depois do trabalho, os restaurantes, as cervejarias, os papos pela madrugada. São Paulo passava de cidade a metrópole e a noite povoava-se. Havia um bairro só de casas noturnas, a Vila Buarque. Frequentar boates era o novo hábito da classe média. Tomar uísque, chiquérrimo. E, dependendo do nível do estabelecimento, a presença do freguês podia ser noticiada nas colunas sociais, principalmente se o referido estivesse acompanhado de uma mulher bonita. Minha vida tomava outro rumo. No Rio eu conhecera a vida noturna como transeunte, figurante, olheiro. Agora estava no elenco, ia participar dela efetivamente. Podia. O salário de redator de rádio era três ou quatro vezes maior que o de jornal, e, como recebia contínuos convites de outras emissoras, num ano dobrei-o. Bom, precisava de dinheiro. A noite fervia. A Cidade do

Trabalho já competia com o Rio em matéria de entretenimento. Não perdia um *show* nas boates Oásis, Excelsior, Hugo e Lord, esta cenário de alguns dos meus contos. Aliás, trabalhar no rádio já era participar de *shows*, pois lidávamos com músicos, cantores e humoristas. Grandes cantores internacionais apresentavam-se no palco da emissora, isso num tempo em que vinham de navio e demoravam-se um mês em cada uma das três grandes cidades sul-americanas: Buenos Aires, São Paulo e Rio. O primeiro contratado pela Excelsior foi Charles Trenet, o cantor da moda na Europa, mas um neurótico, cheio de exigências, que nos preocupou durante um mês. Um alívio quando partiu. Seguiram-se outros cartazes, hoje completamente esquecidos, como Olga Guillot, Gregorio Barrios e Fernando Albuerne.

Continuava, porém, lendo e descobrindo autores. Edith Wharton, John O'Hara, Ramon Sender, J. Kosinski, Budd Schulberg!

NICK BAR, NOME DA PEÇA DE WILLIAM SAROYAN MONTADA PELO TBC NOS ANOS 40 E TAMBÉM DO ESTABELECIMENTO QUE FICAVA AO LADO DA COMPANHIA.

Ir ao Teatro Brasileiro de Comédia, na Major Diogo, tornara-se obrigatório em São Paulo. Somente com muita antecedência conseguia-se um bom lugar. Como a coleção Nobel, da Editora

Globo, o TBC nos aproximava do mundo. Frequentá-lo era das coisas mais civilizadas que se podiam fazer na cidade. E havia as esticadas no Nick Bar, anexo, onde os artistas se reuniam após os espetáculos. Ficamos conhecendo Tennessee Williams, Arthur Miller, Saroyan e Pirandello. Deste, imediatamente adaptei para o rádio *O homem da flor na boca*, e convidei o mesmo intérprete da peça do palco, Sérgio Cardoso, para vivê-la ao microfone. Aliás, tornei-me amigo de alguns daqueles atores, como o próprio Sérgio, sua mulher Nydia Licia e Cacilda Becker, cujo marido, Tito Lívio Fleury Martins, era meu colega na Excelsior. Jaime Barcelos e Luiz Linhares eu já conhecia do rádio.

Embora muito apaixonado pela literatura, tinha de ganhar a vida. Não gastava tudo em farra. Parte do salário reservava para ajudar meus pais. Luiz Donato, aposentado, ganhava pouco e estava doente. Queríamos que tivessem uma velhice feliz, ele bebendo seus uísques, minha mãe auxiliando suas instituições de caridade. Que nada lhes faltasse, eletrodomésticos, empregada, táxi, roupas, médicos. E tudo decorria em casa com muita música no ar. Tendo se desquitado, Mário voltara a morar conosco, meus pais e eu, e trouxera de volta sua valiosa discoteca. A onda era ouvir os pianistas, Art Tatum, Erroll Garner, Fats Waller, Teddy Wilson, Dick Farney. Em meu aniversário ele me deu um álbum que alguém trouxera dos Estados Unidos, o *Concerto em fá*, de George Gershwin, executado ao piano por Oscar Levant, grande pianista clássico.

– Acho que no Brasil só eu e o maestro Nicolini, da Bandeirantes, conhecemos este concerto. Você será a terceira pessoa. Os acadêmicos detestam, mas é genial.

Entre os compositores modernos, muito programados no rádio, apreciava também Ferde Grofé, do *Grande Canyon Suite*, e Aaron Copland, autor de *Salão México*, além de Ravel e Debussy, que no pós-guerra ainda tinham sabor de novidade. Para manter acesa a fogueira da literatura, ouvir música era tão necessário quanto ler.

Como meus programas radiofônicos conquistavam certa audiência, sempre me convocavam para assinar outros. O resultado foi um estresse imenso, palavra que ainda não entrara em circulação. Supunha necessitar até de longo tratamento. Consegui licença na Excelsior – um mês. Porém com um dia de repouso já me senti renovado. Como preencher os outros 29? Ao voltar do Rio eu rascunhara um conto grande, a história de uma empregada esperta, assediada por um patrão velho e por seu jovem enteado. Casa-se com o patrão e alimenta a paixão do moço até levá-lo ao crime. Daria uma novela de atmosfera densa e do tamanho de *Ratos e homens* e *Morte em Veneza*. Pinguei o ponto-final num mês. O título: *Um gato no triângulo*. Publicá-la, porém, ia ser problemático. O primeiro editor a quem ofereci o livro foi José Olympio, no Rio. Lembro que nesse dia vi na sala de espera Amando Fontes, autor de *Os corumbas* e de *Rua do Siriri*. Sem se empolgar pelo sucesso, nunca publicou mais nada. Antônio Olavo Pereira, irmão de Olympio e também romancista, autor de *Marcoré*, lera e gostara de *Um gato no triângulo*. Isso ajudaria? Não ajudou. O editor informou-me que a situação do país estava péssima. Quando estivera ótima? Outros editores também nem quiseram ler o romance. Eu era apenas o irmão de um escritor tentando estrear na literatura. Deixei o livro na Saraiva com Mário da Silva Brito e Cassiano Nunes, diretores da editora. A espera foi longa. Mas minhas esperanças de ser um escritor renovavam-se às terças-feiras, quando frequentava o apartamento de Carmen Dolores Barbosa, onde ela, uma senhora espanhola, e Mário, meu irmão, mantinham um salão literário. Lá conheci de perto Maria de Lourdes Teixeira, José Geraldo Vieira, Osmar Pimentel, os poetas da geração de 45, Vinicius de Moraes, José Lins do Rego, Osman Lins, Oswald de Andrade, de quem ficaria íntimo, e o psicanalista Durval Marcondes. O próprio governador, Lucas Nogueira Garcez, esteve no salão mais de uma vez.

Frequentar o salão era sonho de muita gente. Carmen às vezes convidava grandes autores estrangeiros de passagem por São Paulo. William Faulkner foi certamente o mais famoso; dias mais tarde eu o reencontraria no apartamento de Maria de Lourdes Teixeira. Seu filho, o escritor Rubens Teixeira Scavone, descreveria detalhadamente, em seu livro *Faulkner & Cia.*, a visita do autor de *Luz de agosto*. O salão de Carmen Dolores concedia um prêmio literário que levava seu nome. José Lins do Rego recebeu o primeiro, Clarice Lispector, o último. Guimarães Rosa também foi um dos premiados. Parecia um pavão ou uma vedete do teatro-revista Carlos Machado descendo uma longa escadaria. Se Faulkner ou Sartre estivessem lá aquela noite, seriam esnobados.

Nessa ocasião fomos convidados para dirigir o caderno literário do jornal *O Tempo*, propriedade do deputado estadual Sílvio Pereira, mais tarde autor de interessantes romances juvenis. O suplemento tornou-se o porta-voz do salão, já um capítulo da vida literária paulista, razão por que hoje é disputado por colecionadores. Eu colaborei no suplemento fazendo longas entrevistas literárias com Amadeu de Queirós, Cornélio Penna, autor de *A menina morta*, que nunca era lembrado pela imprensa, e com Oswald de Andrade, em fase de quase total esquecimento.

Em meados de 1953, um telefonema inesperado: Cassiano Nunes. A Saraiva decidira – quando eu já desistira de esperar – incluir em sua nova coleção, Romances do Brasil, meu *Um gato no triângulo*, juntamente com a estreia de uma escritora cearense, Heloneida Studart. Podia passar lá para assinar o contrato e receber 50% de adiantamento.

Um gato no triângulo:
doidos anos 50

Quando estreei em livro, minha vida profissional mudara um pouco. Eu trabalhava na Rádio Nacional, coirmã da Excelsior, superintendida por Victor Costa, diretor-geral da Nacional do Rio de Janeiro, na ocasião o nome mais importante do rádio no país. Pagando melhor, e entendendo mais do ofício, simplesmente esvaziara as emissoras de propriedade de Assis Chateaubriand, levando para a Nacional seu elenco quase completo, numa briga de caciques que Fernando Morais infelizmente não relatou na biografia de Chateaubriand. A Excelsior não pertencia mais ao jornal de Nabantino Ramos. Seu irmão, João Batista Ramos, futuro ministro do Trabalho, era o novo proprietário. Mário, acionista minoritário, passara a vice-presidente da empresa, agora reunindo Excelsior e Nacional. Sylvio dirigia o departamento comercial de ambas. Agora assinando programas na Nacional, eu teria de competir com famosos redatores de rádio do país. E o programa que não desse audiência sairia do ar.

Nada de experiências, intelectualismos, como fazíamos na Excelsior. O que não funcionava comercialmente, desaprovado pelo povão, seria riscado. Já havia até uma organização para medir a audiência dos programas, como nos Estados Unidos. E cuidado com as puxadas de tapete, advertiam-me os veteranos. Altos salários estão sujeitos a quedas imprevistas.

UM GATO NO TRIÂNGULO, PRIMEIRO LIVRO DE MARCOS REY PUBLICADO.

O período valeu porque me aproximou de alguns redatores talentosos da Nacional carioca. Um deles, o colunista, compositor e programador de rádio e TV Antônio Maria, hoje lembrado quando se evocam os anos 50. E ele, realmente, com sua sede e pressa de viver, sua criatividade e algumas de suas canções, foi um dos símbolos da trêfega década. Era incrivelmente espirituoso. Um dia, levando-lhe um exemplar de *Um gato no triângulo*, perguntei-lhe:

– Como faço para o livro chegar às mãos de Fernando Lobo?
– Às mãos é fácil – respondeu. – Ao coração nunca chegará.

O trabalho, muito competitivo, cansava-me, mas o que importava era estar com um livro na praça. Passava nas livrarias e via meu romance na vitrina. A crítica, com Otávio de Freitas Jr. e Amaral Lapa à frente, tecera grandes elogios. Roberto Paula Leite também elogiara, mas éramos amigos de farra, não valia. Perguntei a um balconista:

– Que tal aquele livro?
– Autor novo. Não aconselho.
– A crítica diz que ele é ótimo.
– Às vezes é para não desanimar o novato. Leve o *Lições de abismo*, do Gustavo Corção.

A crítica continuou falando do livro. A televisão o adaptou escalando Marli Bueno, uma das beldades da época, para o principal papel feminino. Dei entrevistas na TV e no rádio. Oswald de Andrade, exagerado em tudo, proclamava-o o maior dos últimos anos. Edgard Cavalheiro, fã do livro, deu-me de presente *Judas, o obscuro*. Uma atriz que eu levara a uma boate sentiu-se feliz por aparecer numa coluna social em companhia do Faulkner brasileiro. Apesar de toda essa favorabilidade, a edição só se esgotou após cinco anos. Quando apresentei outro romance às editoras, *O bracelete* ou *O caso do bracelete*, a receptividade continuava fria. Agora eu não era mais um estreante, uma incógnita, mas o autor de um livro de vendagem reduzida.

– Vou escrever um romance mais popular – disse na ocasião.
– Não é seu estilo – comentou Antônio Olavo Pereira. – Você é o escritor da penumbra, da angústia, dos personagens incomunicáveis.

Sentia-me um tanto perdido. O que adiantava escrever para engavetar? Meu amigo José Ferreira Carrato disse que em meus livros faltava uma janela. São sufocantes. Referia-se também a

O bracelete e a um outro em andamento. Para orientar-me, enriquecer-me, continuava lendo.

Lillian Hellman, James Baldwin, Ben Hecht e... Truman Capote, a partir de *A árvore da noite*, um dos meus autores preferidos.

Conversando com Oswald, bolei uma ideia: duzentas perguntas a Oswald de Andrade. Não era muito original. Saíra um livro de perguntas e respostas, se não me engano sobre reforma agrária. Combinado. Passei a frequentar sua casa duas vezes por semana pela manhã. Tarefa árdua. Oswald estava mais disposto a passear de automóvel com sua mulher, íamos os três, dirigindo. Era um Fiat 1100, vermelho. Eu tinha um exatamente igual. Em outras manhãs ele se grudava ao telefone. Longas e aflitivas conversas com seu filho Nonê. Assunto: dinheiro. Parecia estar mal de vida. Isso o irritava, não nascera para ser pobre. Num período tornara-se comunista, mas sem muita convicção e ainda menos marxismo. Queria ferir, sangrar a miséria, se possível matá-la com lança e espada, cavaleiro que era da ordem da Triste Figura. Às vezes aferrava-se ao passado. Vivia sofrendo crises de arrependimento. Fora culpado da morte de uma tal de Miss Ciclone, que abortara por ele ter negado a paternidade do filho. A coitadinha, traidora ou não, mas coitadinha, fizera o aborto, com uma dessas mulheres, e morrera. O que você faria no meu lugar? Respondia que ele não tivera culpa alguma, ela que... Mas, sem avançar um parágrafo, a manhã estava perdida. Um dia, faltei. Ele telefonou-me angustiado. Pediu-me que fosse logo no dia seguinte. Voltaríamos a trabalhar. Recebeu-me alegremente na sala de sua casa modesta. Deu-me um exemplar de *O rei da vela*, tinha dois. Fez questão de escrever algo. "A Marcos Rey, mais que a esperança, a certeza." Almoçamos em sua casa, com Maria Antonieta de Alkimin e seu casal de filhos, garotinhos que não paravam sossegados um só momento. Oswald mostrava-se impaciente. Poderia ser avô deles. Depois, eu diante da máquina de escrever, não ouvi episódios de sua vida, mas novos lamentos. Sentia-se abandonado, esquecido. Poucos o visitavam. E os raros intelectuais jovens que o procuravam, mocinhos de aspecto severo, era para desafiá-lo com exibições culturais, uns chatos que nada entendiam da arte de viver. Talvez para sedimentar nossa amizade, falava de meu livro. Mas só 42 anos depois, lendo suas obras completas, inclusive o *Telefonema*, coluna do *Correio da Manhã*, reunidas num volume, li a generosa crítica que escrevera sobre ele. Não entendo por que jamais a mencionara nos longos papos.

Lembro-me de sua morte. Em sua casa vi Antônio Olavo Pereira, Tarsila do Amaral e talvez Antonio Candido. Acompanhei Tarsila ao velório na Biblioteca Municipal. Na manhã seguinte fui com Mário e Carmen Dolores ao cemitério da Consolação. Mário da Silva Brito chamou a atenção de todos para um nome inscrito num túmulo vizinho: Serafim del Ponte Grande. Oswald adoraria a coincidência.

A vida continuou. Ela emperra, dá voltas, mas sempre continua. Literariamente eu não estava bem. Perdera-me novamente. Pensava escrever um romance sobre uma atriz de rádio. Marques Rebelo já publicara *A estrela sobe*, mas deste tamanhinho. Sem conhecer o ambiente, não esgotara o assunto. Por outro lado, a Excelsior-Nacional comprara a TV Paulista, Canal 5, e eu precisava aprender a linguagem do novo veículo. Meu primeiro teledrama chamou-se *Xeque à rainha*, um policial, agradou em cheio. Depois escreveria *Ter ou não ter*, *Sábado de Aleluia* e *Volte cedo para casa, Dany*. Tudo ia ao vivo, pois o teipe ainda não existia. Nós, jovens autores de TV, tínhamos apenas um guia, um mestre, o americano Paddy Chayefsky, cuja telepeça *Marty* – a história de um açougueiro solteirão – recebera o Oscar de melhor filme. Sua produção seguinte, *Despedida de solteiro*, seria igualmente filmada, marcando seu nome ainda mais. Chayefsky inspirava-se na poesia e na tragédia do cotidiano. Suas produções não incluíam nenhum fato extraordinário, nada fora da rotina diária. Nem mesmo a morte. Sua meta era o comum absoluto.

Apesar da televisão, eu continuava a fazer programas de rádio. Em 1956 redigi *O radioalmanaque Kolynos*, um sucesso nacional havia anos. Eu seria o primeiro paulista a assiná-lo. Ganhei nesse ano os dois maiores prêmios radiofônicos, o Roquette-Pinto e o Tupiniquim, e fui convidado a ir à casa de Victor, onde, aos domingos, numa propriedade magnífica na Lagoa Rodrigo de Freitas, reuniam-se protegidos, ministros de Estado e belas cantoras e atrizes do rádio. A essa altura, Victor Costa já era o dono da empresa, comprada de João Batista. Nascia a Organização Victor Costa, da qual Mário já não era vice-presidente nem acionista. Sylvio voltara às *Folhas*, como diretor comercial adjunto. Eu tinha, pois, que lutar bastante para manter o emprego, tão cobiçado por muitos redatores do eixo São Paulo-Rio. Às vezes pegava no tal romance do rádio, mas não ia longe. Toda a minha energia era consumida no rádio e na televisão. Sentia-me um fabricante de bolhas de sabão. A noite, porém, era compensadora. Passava pelo Clube de Paris, L'admiral, Chez Moi, Refúgio, Baiuca. Conhecido nesses lugares, os pianistas anunciavam minha entrada com os acordes de alguma de minhas músicas favoritas. Passei a viver intensamente depois das oito, numa Pauliceia muito mais desvairada que a de Mário de Andrade. Conheci boêmios de carteirinha como o jornalista Egas Moniz, que me incentivava muito a escrever um romance sobre o rádio; o corretor de imóveis Cláudio Curimbaba de Souza, um dos reis da noite, cujo sonho era escrever um romance sobre um gigolô, que eu acabei escrevendo; Julinho Boas Maneiras, elegante, contador de casos, poucas vezes visto à luz do dia; Buby Albuquerque Maranhão, o único entre nós para o qual o álcool e o cigarro eram pouco;

o pintor Mário Gruber; o cineasta Carlos Alberto Souza Barros; e muitos outros. Mas nem todas as noites preenchia papeando. Às vezes preferia ouvir música. Dick Farney, o cantor da elite brasileira, geralmente encontrado no Hotel Claridge. Perdê-lo seria um desperdício. Johnny Alf, que inventava a bossa nova, parava no Boteco. E o piano de Moacyr Peixoto circulava pela madrugada. Pelo menos uma vez por semana eu passava no Embassy para ouvir a voz e o piano de Judith Genez, uma bela húngara de cabelos prateados. Depois, localizava na noite as vozes de Mauricy Moura, Roberto Luna, Andiara Peixoto e Agostinho dos Santos. Tudo isso com muito uísque. Segundo Vinicius de Moraes, o uísque é o maior amigo do homem, o cachorro engarrafado.

Não se imagine, porém, que fosse um modo raro de viver. Nos anos 50, o único perigo de sair à noite eram as armadilhas do amor. As doces paixões noturnas, em geral das sextas-feiras, que, aliás, não provocavam grandes desastres. Epidérmicas e superficiais, desfaziam-se à luz solar. Foi uma década gloriosa. Vargas suicidou-se e Juscelino Kubitschek surgiu no cenário. Cinquenta anos em cinco! A prosperidade parecia estar na esquina. A única ameaça de retrocesso ou retorno à ditadura estava na figura sinistra e anedótica de Jânio Quadros, por quem o povo se deixava enganar.

Uma palavra começou a aparecer nos jornais: inflação. Meu ótimo salário encolhia depressa. A OVC, Organização Victor Costa, entrou no vermelho. Todos os preços subiam, os ordenados, não. Vendi meu carro e decidi fazer o que muita gente do rádio estava fazendo: redigir campanhas publicitárias. As agências de publicidade estavam pagando salários altíssimos. José do Couto ficara famoso no meio e ganhara os tubos com um único *slogan*: "Não jogue no tanque seus encantos de mulher". Graças a essa frase, a lavadora elétrica conquistara o mercado. E certa caneta-tinteiro também, com outra obra-prima do José: "A caneta que prova por escrito o seu valor". Podendo ganhar muito redigindo poucas frases, por que ganhar menos no rádio e na TV, sendo obrigado a escrever vinte páginas diárias? Um telefonema do meu amigo Amador Galvão de França levou-me à Panan, a casa de amigos, uma antiga e respeitada agência de publicidade, da família Souza Ramos, localizada na Barão de Itapetininga, então endereço das grandes empresas. Sem abandonar a OVC, tornei-me também publicitário, com a incumbência, sempre urgente, de preparar campanhas de anúncios para a Brastemp, Cia. Telefônica, Máquinas Piratininga, Isnard, Itaoca Imóveis. Minha mesa vivia repleta de *jobs*, como chamavam os envelopões amarelos que continham os pedidos dos clientes e o material de referência. *Job* foi a primeira palavra do vocabulário publicitário que tive de digerir apressadamente. Seguiram-se *layout, media, copy, marketing, merchandising*. Na literatura devo ter sido o primeiro autor a mencioná-las. Meu terceiro romance, *Entre sem bater*, teve uma agência de publicidade como cenário principal, e o personagem central era um *copy writer* dividido entre o amor e o lucro.

A publicidade exerceu alguma influência na minha linguagem literária. A TV ensinara-me a visualizar as cenas, a fixar com nitidez o palco das ações e a focar em diversos planos os personagens. Diferentemente, as lições da publicidade restringiam-se à engenharia da frase. Tinha de ser direta, limpa e conter o maior número possível de informações. Cada palavra, num texto publicitário, vale muito dinheiro. Urgia eliminar as que não tivessem função definida. A redação publicitária não admite vazios, redundâncias, falsos preciosismos. O lugar-comum, sim, às vezes – para criar uma ponte entre o produto e o público. Ele pode até servir de caminho para a rodagem de uma ideia original. Ao contrário do rádio e da TV, um pequeno texto, chave de uma campanha, dá uma semana inteira de trabalho. Entretanto, tratando-se de literatura, onde a objetividade não é tudo, esse extremo rigor com a frase, essa vigilante economia de palavras, pode retirar a personalidade, a poesia e o mistério que o excesso, irresponsável, às vezes cria.

Eu e minha Underwood.

Fiquei conhecendo pessoalmente Almiro Rolmes Barbosa – autor de *Escritores norte-americanos e outros* –, orientador de minhas leituras, sua mulher, a escritora Elena Reid Barbosa, e Breno Silveira, na ocasião, o tradutor mais ativo do país. Mais ou menos nessa época conheci Geraldo Pinto Rodrigues, poeta, advogado e redator das *Folhas*, e a primeira pessoa que me falou da geração poética de 45. Conheci Domingos Carvalho da Silva, Péricles Eugênio da Silva Ramos, nomes importantes na poesia de 45; José Tavares de Miranda, que abandonaria a poesia pela crônica social; Rossine Camargo Guarnieri, poeta comunista; Renata Pallottini, boa poeta desde o início; Lupe

Cotrim Garaude, uma das poucas poetas bonitas do planeta, e pela qual todos os intelectuais de São Paulo estavam disfarçadamente apaixonados; Reynaldo Bairão, poeta e o primeiro homossexual assumido nos meios literários, e que acabaria se suicidando; o poeta Vicente Augustus Carnicelli, o mais elegante e bem-humorado do grupo; e Ricardo Ramos, recém-chegado do Rio, com um livro de contos na mala e um emprego garantido na Standard Propaganda, e tantos outros mais. Infelizmente, morreu Edgard Cavalheiro, com cerca de 45 anos. Intelectual com bossa de empresário, teria ido longe provavelmente.

Retomei o romance sobre a atriz de rádio, englobando as experiências de vida dos últimos anos. Estava longe o rapazinho magrela das casas de cômodos da Lapa. Quando voltava ao Rio, naqueles aviões Douglas de vinte e poucos lugares, a intenção era pisar nas memórias mais amargas. Hospedava-me no Serrador, no anexo do Excelsior, ou no Copa, frequentava a boate Night and Day e divertia-me nas magníficas tardes do Juca's Bar, lá no Hotel Ambassador. Assistia à inauguração do que chamariam mais tarde *happy hours*. A noite começando mais cedo.

Às vezes ia ao Rio com o mano Mário, em seu Pontiac, quando visitávamos Victor Costa na mansão da Lagoa. Às vezes ia só. Em ambos os casos, ia mais interessado pela noite que pelo sol das praias. Lembro-me de quando fomos, com o cantor Ivon Cury e Watson Macedo, o rei das chanchadas, ver Josephine Baker, já idosa, mas ainda estrelíssima, no Night and Day. Após o *show*, conduzida por Ivon, a milionária *show woman* veio sentar-se à nossa mesa, o que foi o máximo para mim, que ouvia falar dela desde a infância. Outra noite inesquecível aconteceu numa boate carioca do tamanho de um lençol de cama de casal. Entrei, solitário, já madrugada, e pedi um uísque. Era o único freguês. Subitamente entraram dois homens e uma mulher. Um dos homens logo reconheci, pois os jornais anunciavam sua visita ao Rio. Era Rocky Marciano, campeão mundial de boxe, peso-pesado, pugilista que deixaria os tablados invicto e que morreria, nos anos 60, num desastre aéreo. Ao acender um cigarro, a mulher, uma saudável ítalo-americana, provavelmente esposa do campeão, num movimento desastrado, bombardeou-me com fagulhas. Entre desculpas e sorrisos, os três socorreram-me e depois passaram a dirigir-se a mim amigavelmente. Ela, em especial, que me deu um cigarro e logo depois me ofereceria um uísque, aceito. O campeão foi até o microfone e pelo resto da noite cantou cançonetas italianas e velhos foxtrotes com uma emocionada voz de tenor. Não apreciei muito, mas não apupei. Fui dormir satisfeito. O Rio da Morais e Vale, do Constantino e do restaurante Reis ficara para trás. Afinal, aqueles se chamariam Anos Dourados.

Nesse período lia tudo de Graham Greene, descobria Alberto Moravia, enfrentava Virginia Woolf.

Permaneci menos de dois anos na Panan. No rádio, a inflação continuava comendo meu salário. Meu irmão Mário sugeriu que fundássemos uma editora, a Mauá, para lançar o recenseamento da indústria paulista, ideia absurdamente trabalhosa que um amigo lhe enfiara na cabeça. Embarco nessa furada. Dois anos de trabalho. Saímos da editora com um enorme volume debaixo do braço e nenhum lucro no bolso. Como já estávamos com a mão na massa, fundamos outra editora, a Donato, para produzir coleções de livros para a juventude patrocinadas por determinada marca de cestas de Natal. Lançaria duas, *Grandes vocações* e *Conquistas humanas*, ambas em cinco volumes, prefaciadas e escritas por grandes nomes, ilustradas e luxuosamente encadernadas. Mas aí já eram os anos 60.

Chegam os militares: a derrocada

A Donato Editora ia muito bem, graças às coleções juvenis. Vivíamos de uma taxa de administração e de porcentagem nas vendas. Compramos um belo apartamento na praia para os finais de semana. O mar de São Vicente no lugar das boates paulistas e cariocas. Qual seria mais saudável? Artur Neves, ex-editor da Brasiliense, homem de muitas ideias no campo do livro, nos procurou para propor a fundação de outra editora, a Ar, Autores Reunidos, voltada para a ficção. Trazia mais dois sócios: Hernâni Donato e Tito Batini, escritores. Artur já travara contato com uma impressora e uma distribuidora. A ideia, simpática, abrira créditos. O capista seria o pintor surrealista Walter Levy. Começaríamos com quatro lançamentos: o romance *Selva trágica*, de Hernâni, dois relançamentos de meu irmão Mário, *Presença de Anita* e *Madrugada sem Deus*, sendo o quarto um livro meu. Qual? Pensei em retomar o enredo da moça que vencia no rádio e na televisão. Vencedoras ou fracassadas, eu conhecera dezenas. Lancei-me ao trabalho. Seria como uma nova estreia, após sete anos.

Arquivo pessoal

MARCOS REY E SUA ESPOSA, PALMA.

Aqui preciso abrir um *flashback* urgente para dizer que a editora Mauá não foi apenas um fardo pesado e inútil. Trabalhou conosco, como contato com a indústria, uma ex-funcionária da Cia. Força e Luz, pela qual me apaixonei quase imediatamente. O mesmo não se deu com ela, mas as dificuldades sempre me estimularam. Palma, seu nome, deve ter se interessado mais pelo meu romance, cujas páginas ia lendo. Como terminaria? Só eu sabia. O título já arranjara, *Café na cama*. Meus amigos de boemia não acreditaram no casamento, ainda mais se tratando de uma moça estranha ao meu ambiente. Aos 35 eu parecia já estar fora da zona perigosa. Todos se surpreenderam, inclusive eu, quando me casei em fevereiro de 1960. Em lua de mel fui correr as cidades do Sul. Meu salário na OVC fora quase todo engolido pela inflação, mas a Donato Editora ia bem. Ao voltar da viagem, *Café na cama* foi lançado. Eu estava pessimista, nem quis noite de autógrafos. Haviam me dito que ninguém se interessaria por uma história ambientada no rádio, apesar da pecaminosa personagem. E o leitor brasilei-

ro, garantiam, rejeitava o romance urbano nacional, fixado na literatura nordestina ou agrária. Uma semana depois do lançamento, ou pouco mais, passei pela Livraria Brasiliense. Lá costumavam-se exibir os cinco mais vendidos entre os livros nacionais e estrangeiros. Vi a capa do *Café na cama* numa extremidade. Perguntei a um balconista amigo:
— *Café na cama* já está em quinto lugar nas vendas?
— A classificação é daqui pra lá. Está em primeiro.

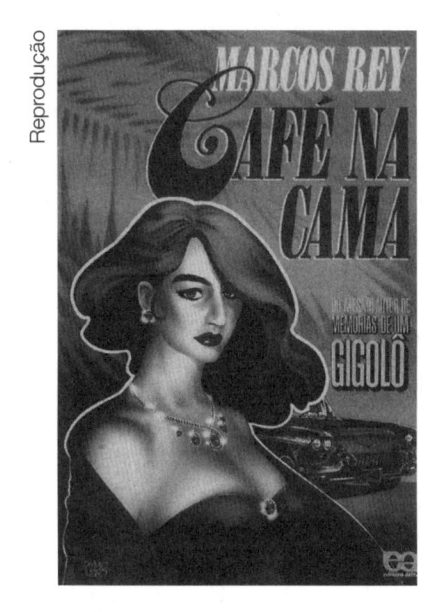

SEGUNDO ROMANCE DO AUTOR PUBLICADO, *CAFÉ NA CAMA*.

No domingo a lista dos dez mais, nos jornais, confirmava. E durante muitas semanas, e cinco grandes edições, o romance se manteria entre os mais vendidos. Aquele ano, no gênero ficção, somente perderia para *Gabriela, cravo e canela*, lançamento ainda de 1958. O sucesso inibiu a crítica, naquela época ainda mais preconceituosa que hoje. Lembro-me porém de artigos muito favoráveis, assinados, em São Paulo, por Ricardo Ramos,

Fernando Góes e Bráulio Pedroso. Na década seguinte, o romance seria adaptado para o cinema pelo diretor italiano Alberto Pieralisi e, nos anos 80, voltaria a alcançar grande vendagem no Círculo do Livro. Sobre ele, a observação mais curiosa faria o crítico Leonardo Arroyo mais tarde:

– Observou que impulso o *Café na cama* deu ao romance urbano?

Outra satisfação foi um bilhetinho de Marques Rebelo, esplêndido miniaturista a quem muito admiro.

Depois do sucesso de *Café na cama*, o *Última Hora*, o vespertino de maior tiragem da cidade, pediu-me que escrevesse um folhetim, para publicação diária no jornal. Escrevi, então, *Entre sem bater*, desenvolvido no departamento de publicidade de uma grande indústria. Em dias de JK, o enredo repetia a história do rei Davi, que, apaixonado pela linda Betsabá, convocou seu marido, o soldado Urias, para participar de batalhas perigosas, visando livrar-se dele. No romance, o industrial, apaixonado pela jovem mulher de seu chefe de publicidade, usa de todos os seus poderes para destruí-lo. Publicado logo em seguida pela Ar, o romance não obteve o êxito do anterior, mesmo porque parte do público já o conhecia.

A essa altura Artur Neves teve uma ideia generosa: entregar a Autores Reunidos a Tito Batini, o mais velho dos sócios, o mais queixoso da vida e o mais apaixonado pela editora. Local de trabalho não seria problema, o próprio Artur cederia todo um andar na Rio Branco. Eu e Mário, de acordo, voltamos a nos concentrar na Donato, atarefados com as duas coleções de livros juvenis, agora anunciadas nas revistas *Cruzeiro* e *Manchete* pelo poderoso patrocinador, e cujas vendas, crescentes, garantiam perfeitamente nosso sustento. Quanto às emissoras, frequentava pouco. Victor Costa morrera e a Organização entrava em colapso. Eu já não tinha um único programa no ar.

Lia, nos jornais, notícia de novos lançamentos da Autores Reunidos. Livros nos quais eu não arriscaria um tostão. E por que Tito, que recebera a editora como presente do céu, não me pagava os direitos autorais de *Café na cama* e de *Entre sem bater*? Fui visitá-lo. Encontrei uma dúzia de funcionários trabalhando, inclusive um consultor publicitário argentino. Batini resolvera expandir a empresa. Já estava alugando mais um andar e comprando telefones. Com ares de grande empresário e fumando charuto, disse-me que nós, os ex-sócios, éramos boas pessoas, reconhecia, mas não tínhamos visão comercial. Ele em breve faria da Ar a maior editora do país. Quanto aos direitos autorais, estava providenciando.

Meses mais tarde fomos chamados às pressas. Tito vagava desnorteado pela editora, nem sabia quanto devia na praça e o próprio Artur lhe exigia o conjunto de volta. Fomos encontrá-lo sob uma montanha de contas a pagar e avisos de protesto, a balbuciar palavras sem nexo. Nem adiantava incriminá-lo pela *débâcle*. Sacudindo a cabeça, dizia não entender o que acontecia. Comunista desde a mocidade, ignorava o mundo dos negócios. Esse episódio tragicômico custou-nos um ano de trabalho para pôr tudo em ordem e um montante de dinheiro cuja soma eu e o Mário sempre preferimos ignorar.

Apesar do grande choque causado pela queda da editora, eu escrevia novo romance. Dez anos antes, na rádio Excelsior, fizera amizade com os profissionais do turfe da emissora, a única especializada na transmissão de corridas de cavalos. Levado por Fausto Macedo, o programador de turfe, fui conhecer o prado e me encantei. Imaginei logo uma história fixada ali, envolvendo um jovenzinho que adquiria um cavalo já fora de forma, um velho tratador desacreditado e uma prostituta que tenta ajudar o garoto. Não cheguei, porém, ao final. Faltava ritmo, linguagem, tensão, sol. Leôncio Basbaum, historiador político, dono de uma pequena editora, a Edaglit, pediu-me para terminar o romance. Ele não fugiu ao esquema inicial, uma história sentimental, bem no estilo contido e dialogado de Hemingway. Só fracassei no título: *Ferradura dá sorte?*, interrogação que lembrava *Mas não se matam cavalos?*. Almiro Rolmes Barbosa logo o aplaudiu, num artigo no *O Estado de S. Paulo*. Sua aprovação para mim era mais valiosa que qualquer outra. Sérgio Milliet, com quem me encontrava no Paribar, prometeu escrever um longo estudo, mas ficou na promessa. Numa segunda edição, lançada pela editora Ática, eu trocaria o título para *A última corrida*, artifício que não tornou o livro nenhum êxito de vendagem.

Com *A última corrida* encerrava, hoje observo, um ciclo de romances, a fase de uma determinada etapa literária. Nele e em *Um gato no triângulo*, *Café na cama*, *Entre sem bater*, ainda poderiam ser notadas influências e hesitações. Seu realismo cru só depois eu levaria ao forno. O escritor de estilo mais pessoal, definido, livre, estava nascendo em contos que seriam reunidos num livro alguns anos mais tarde.

O estouro da Autores Reunidos foi seguido de outro desastre, o golpe militar de 1º de abril de 1964, que derrubou o presidente João Goulart, instituiu a censura e cassou o mandato de centenas de políticos. A essa altura eu saíra da OVC e trabalhava numa das maiores agências nacionais de publicidade como chefe de redação. Milhares de pessoas estavam na mira da polícia e do exército. Entre elas meu irmão Mário, havia menos de um mês delegado da Supra em São Paulo, a Superintendência da Reforma Agrária. A família ficou em pânico. Mário teve de esconder-se e viveu em diversos esconderijos antes de fugir para o Rio. Os jornais mencionavam seu nome diariamente como perigoso inimigo do governo militar. Um repórter, com apelido de certa família de passarinho, que me repugna mencionar, e para quem o Mário arranjara o primeiro emprego na imprensa, insistentemente exigia sua captura através da televisão. Foi um período de recolhimento, meias palavras, sustos. Uns fugiam para o exterior, outros desapareciam e inúmeros aderiam à ditadura. Os intelectuais eram os mais perseguidos.

A grande inflação de 1964 foi muito superior à prevista pelos patrocinadores de nossas coleções de livros. Já em janeiro começavam a vender as cestas de Natal a um preço fixo determinado. Em dezembro não puderam suportar o prejuízo. Fecharam as portas e consequentemente a Donato Editora teve de encerrar as atividades.

Eu afastei-me da UBE, União Brasileira de Escritores, na qual militava havia alguns anos. Fora, até, seu presidente em exercício, tendo substituído Mário da Silva Brito em 1961, que se transferira para o Rio de Janeiro a fim de ajudar Ênio Silveira na direção da editora Civilização Brasileira. Quando houve o golpe, eu era secretário-geral. O presidente, Afonso Schmidt, faleceu no dia seguinte; com seu passado de socialista, seria preso se continuasse vivo. Luiz Toledo Machado, o primeiro vice-presidente, estava no exterior e por segurança resolveu continuar lá. Renata Pallottini, que ocupava a segunda vice-presidência, renunciou. Tive de fazer o mesmo, pois uma nova diretoria, insuspeita pelos golpistas, ocuparia, sem eleições, a entidade. Sumi da sede. Lembro de mim andando sem rumo pelas ruas do centro. Topei com o poeta negro Solano Trindade na Rua Barão de Itapetininga. Paramos e ficamos apenas olhando um para o outro. Subitamente nos pusemos a andar, precipitadamente, cada um para seu lado. Naqueles anos de tanques nas ruas, os tempos não estavam nada bons para pedestres. Vagamente pensava na literatura. Tinha quase certeza de que jamais tornaria a publicar um livro.

Anos de chumbo:
o vago sonho da liberdade

Era difícil planejar campanhas e redigir carradas de anúncios naquele clima opressivo. Na agência, apenas eu, um revisor e um *layoutman* constituíamos o núcleo rebelde, entre 120 funcionários. O melhor daqueles dias eram as músicas, principalmente as de protesto, e os disputados festivais apresentados pela TV. Assisti a vários, em casa, e a outros mais de perto, como funcionário das TVs Excelsior (que nada tinham em comum com a Rádio Excelsior) e Record. Escrever, a princípio, não conseguia, sempre deprimido e de olho nos acontecimentos. Até JK, tão querido do povo, o homem que modernizara o Brasil, fora cassado! Mas, para não me afastar totalmente da literatura, continuava lendo bastante.

Bernard Malamud, Dürrenmatt, Gore Vidal, Mary McCarthy.

Foi também nessa época que elegi Carlos Drummond de Andrade, definitivamente, meu poeta favorito. Até o começo de 1960, o preferido ainda se chamava Manuel Bandeira.

Acho que a poesia, mais que a prosa, ajudava-me a enfrentar os maus tempos.

MEUS TEMPOS DE PUBLICIDADE NA NORTON PROPAGANDA.

Enviei meus contos para a editora Civilização Brasileira, a maior do país naquele momento, publicando, inclusive, livros desafiadores para a ditadura. Ênio Silveira, também cassado, não se acovardara. Algum tempo depois recebia uma carta de Ênio com um contrato e um cheque de adiantamento, mas eu teria de incluir mais dois contos no volume. Exigia também mudança de título. Queria *O enterro da cafetina*, título de um dos contos. Era mais comercial, mais vendável. Aconselharam-me a não permitir. Um título apelativo, na ocasião chocante, afastaria a crítica. Consultei meu pai. Ele, que ingenuamente achava tudo muito natural, não viu nada de obsceno no título. Pelo contrário, era comovente e romântico. Acabei lhe dando razão. Mas teria de completar o livro.

– Pena que a publicidade me toma todo o tempo – disse à Palma, minha mulher. – Vou acabar perdendo a oportunidade de ser publicado pela Civilização Brasileira.

– Saia do emprego – ela ordenou.

– O quê? Sair da Norton? Loucura!

– Saia, a gente vende o carro.

Eu lhe dera um Gordini como presente de aniversário.

– Isso nunca.

– Vou vender, sim.

No dia seguinte, desliguei-me da agência depois de 26 meses de relógio de ponto. Alguns colegas perguntaram se estava indo para a Thompson ou para a McCann-Erickson, sonho de muitos publicitários. Respondi que a partir dali estaria desempregado. Loucura, não? Ao pisar a rua, sem a obrigação de redigir nenhum texto para a Willys, Nestlé ou GE, dei um grito de alívio. Transeuntes sorriram – que louco!

Em casa, minha mulher, já tendo vendido o carro, contou o dinheiro: teríamos o suficiente para alguns meses. Comecei a bolar os dois contos pedidos pelo Ênio. Ambos teriam muito a ver com o momento, "O guerrilheiro" e "Noites de pêndulo", este o diário de um ébrio nos dias do golpe militar. *O enterro da cafetina* foi lançado em meados de 1967. Ganhou o Jabuti de o melhor do ano no gênero e, em eleição promovida entre críticos e resenhistas por um jornal, alcançou a mesma qualificação. Mais tarde a Edibolso lançaria uma edição de bolso e o livro voltaria a ser lançado pela editora L&PM e pelo Círculo do Livro. A adaptação cinematográfica, também de Pieralisi, apareceria em 1971. Desde a publicação de *Um gato no triângulo*, um livro meu não atraía tanto a atenção da crítica. Nomes completamente desconhecidos por mim o comentavam. O refinado crítico Geraldo Nogueira Moutinho comparou-me a Damon Runyon, que eu não conhecia. Como nada de Runyon fora traduzido, tive de percorrer muitas livrarias para encontrar seus contos da Broadway em inglês. Muitos anos mais tarde, ao conhecer Moutinho, lembrei a comparação. Ele riu e disse:

– Hoje acho você superior a Runyon, autorizo-o a divulgar isso.
– Também acho – admiti –, mas não o autorizo a divulgar.

O PRIMEIRO LIVRO DE CONTOS, *O ENTERRO DA CAFETINA*, GANHADOR DO JABUTI EM SUA CATEGORIA.

O mais curioso aconteceu nos primeiros dias de venda. Cheguei em casa e vi um homem muito bem-vestido à minha espera com sua filha, uma garotinha de uns 15 anos. Ela trazia *O enterro da cafetina*. Queriam uma dedicatória.

— Ela comoveu-se muito com o livro — disse o pai. — Até chorou ontem à noite. Desculpe-me, mas ela insistiu para conhecê-lo.

Estaria eu estreando na literatura para juventude com *O enterro da cafetina*?

Não consegui multiplicar o dinheiro da venda do carro. Acabou. Encontrei por acaso meu amigo, o ator Fúlvio Stefanini, também desempregado. Ele sugeriu uma visita aos estúdios da TV Excelsior, na Vila Guilherme, para a qual eu já escrevera uma telenovela, *O grande segredo*, embora meu nome aparecesse apenas em segundo plano como coautor. Fomos. Ele conseguiu ser incluído num dos elencos, e a mim ofereceram o cargo de chefe de divulgação, função, na época, não muito valorizada na televisão. Voltamos empregados e felizes. Antes, comemoramos no bar.

O trabalho de divulgação era chatíssimo. O dia todo redigindo textos jornalísticos sobre programas e artistas da emissora. Nos intervalos, resolvi escrever uma telenovela pequena, *Os tigres*, de um mês de duração, 20 capítulos, gênero mais tarde denominado minissérie. Mas a novidade não parava aí. Era policial, quando só se apostava no romântico, e teria, como hoje, cerca de 30 breves cenas por capítulo, ao contrário das quatro ou cinco, arrastadas, repetitivas, do formato normal. Dei ao produto a denominação de cineteipe, parente do cinema, rompendo com o teatro e o folhetim. O gênero exigia, inclusive, gravações externas, nas ruas, raras naquele tempo. Fúlvio Stefanini, Íris Bruzzi e Gonzaga Blota, afinados com o projeto, estrelaram essa aventura nada confiável. E de fato os índices de audiência não foram animadores. Diziam ser impossível acompanhar uma sucessão de cenas tão rápida. Um articulista argumentou contra: o telespectador não poderia atender a telefonemas, ir ao banheiro, apanhar uma cerveja na geladeira, prestar atenção às peraltices das crianças. Também pensando assim, a diretoria da Excelsior, após o término de *Os tigres*, não quis mais ouvir falar em cineteipe ou minissérie. Aliás, não conheci nenhum canal de TV entusiasta de inovações. Mas algo aconteceria em seguida. Os diretores sentiram, enfim, a lentidão dos capítulos das novelas e exigiram maior número de cenas, imitando a minissérie. Consequentemente, a própria linguagem dos novelões foi mudando, mais cotidiana e modernizada, ajustando-se ao novo formato.

Aqui abro outro *flashback* para voltar à literatura e à ordem cronológica dos fatos. Mesmo antes de entregar os originais de O *enterro da cafetina* à editora, já iniciara outro livro, este romance, ainda sem título. Meu amigo Cláudio Curimbaba de Souza, boêmio e grande leitor, mas que jamais redigira uma carta, sempre dizia que algum dia escreveria em primeira pessoa a história de um gigolô chamado Mariano, em parte baseado em suas próprias experiências de vida. Havia uma intenção e um nome. Disse-lhe que, se ele não o fizesse em dez anos, eu o faria. Vencido esse prazo, procurei-o no restaurante Dom Casmurro, um chatô na Rua Major Sertório, antiga sede da União Brasileira de Escritores, e informei: começaria a escrever o livro no dia seguinte. "Eu já devia ter feito isso", ele disse. Não nascera para as letras.

– Então retifico: já escrevi o livro.

Remeti os originais à editora Civilização Brasileira. Ênio viajava, mas seu diretor, Mário da Silva Brito, a quem devia a publicação de meu romance de estreia, leu e escreveu que não gostou. Não acrescentava nada à minha carreira. Sem ver nenhuma porta aberta, cheguei a engavetá-lo. Uma nova editora, porém, surgia no mercado, a Senzala, de José Chasin, ex-contato publicitário da Norton. Ele se dispôs logo a publicar o romance, ajudou-me a definir o título como *Memórias de um gigolô* e redigiu com muita classe a orelha de apresentação. A repercussão na crítica e as vendas foram ótimas, mas a editora de Chasin, amadorística, somava tantos fracassos que faltou dinheiro para uma segunda edição.

Léo Gilson Ribeiro publicou no *Estadão* um artigo consagrador, e Rubem Braga, de quem nunca havia lido uma crítica, escreveu elogiosamente sobre as *Memórias*, ressaltando que mereciam ser filmadas, tendo Leila Diniz, então no auge, como estrela. O Brasil todo tomou conhecimento do romance e diversas empresas cinematográficas o disputaram. O filme, roteirizado e dirigido por Pieralisi, foi ambientado no Rio, mas sem Leila, que chegou a procurar-me na TV Excelsior para eu insistir em sua escalação. O filme resultou numa pornochanchada de luxo bem-sucedida, com Jece Valadão e Cláudio Cavalcanti, muito lucrativa para os produtores.

O ROMANCE *MEMÓRIAS DE UM GIGOLÔ* E SUAS TRADUÇÕES.

Depois do estouro da Senzala – que também relançara *Café na cama* –, outras edições das *Memórias*, algum tempo depois, seriam lançadas pela L&PM, editora gaúcha; pela Edibolso, em duas grandes tiragens de bolso; pelo Círculo do Livro; Ática e Riográfica, num total, suponho, de 120.000 exemplares. Após longa proibição pela censura, a TV Globo produziria nos anos 80 uma minissérie, em 20 capítulos, com Bruna Lombardi no principal papel feminino. A série obteve sucesso, embora o resultado artístico não tivesse agradado. Faltou ao diretor certa sensibilidade para a adaptação que Walter Durst e eu fizemos. Nos mesmos anos 80 surgiram traduções do romance na Argentina, Alemanha, Espanha, Estados Unidos, Canadá e Finlândia. Em Stuttgart, Alemanha, o romance foi publicado em fascículos diários no principal jornal da cidade. E ainda se cogita outra adaptação cinematográfica.

O que eu não imaginava, ao publicar o livro em 1968, era que, apesar da boa receptividade, somente após nove anos voltaria a lançar outro.

Por quê?

A árdua luta pela vida: o escriba

A alta constante da inflação não me permitia permanecer muito tempo no mesmo emprego, porque o salário nunca era equitativamente reajustado. Da TV Excelsior fui para a Record, onde adaptei, em 80 capítulos, o romance de Mark Twain *O príncipe e o mendigo* e estruturei outra novela, moderníssima, *Editora Maio, bom dia*, que acabou caindo nas mãos desastradas de um incompetente. Da Record fui para a TV Tupi, no Sumaré, a pioneira. Ali escrevi a telenovela *O signo da esperança*, que mesclava a dura realidade vivida por uma família com a imaginação escapista e delirante de alguns personagens. Parte desse enredo, principalmente a que focalizava as primeiras experiências de vida de um jovem, eu reutilizaria no romance juvenil *Dinheiro do céu,* publicado pela editora Ática. Ainda na Tupi, adaptaria *Dom Camilo e os cabeludos*, de Guareschi, além de escrever peças completas, de minha autoria ou adaptadas. Meu último trabalho na emissora foi quase secreto. Bráulio Pedroso, depois de ser um dos redatores da bem-sucedida novela *Beto Rockfeller*, planejada por Cassiano Gabus Mendes, precipitadamente começou a escrever outra,

Super plá, mas ao chegar ao décimo capítulo perdeu-se e não conseguiu mais prosseguir. Fui chamado às pressas por Abujamra e assumi a redação da novela, salvando-a de ser retirada do ar. Mas meu nome não apareceu nunca nos créditos nem na divulgação pela imprensa. Bráulio, que nesse tempo todo dera inúmeras entrevistas, graças ao sucesso da novela tão mal iniciada, somente reassumiria a redação em seus capítulos finais. Nunca mais em minha vida eu aceitaria ser um *ghost-writer*.

Em 1975, transferindo-me para a TV Globo, eu escreveria duas novelas, *Cuca legal*, a primeira telecomédia da linha das sete, horário até então reservado às produções açucaradas, e *A moreninha*, baseada em Macedo, cujo resultado artístico e de audiência superou o da novela anterior. Voltando para a Tupi, escrevi *Tchan, a grande sacada*, novela bastante ambiciosa, prejudicada pelas condições falimentares da emissora. Assis Chateaubriand trouxera a televisão para o Brasil e abandonara-a para sempre, não se interessava por administração e apenas superficialmente conhecia as pessoas às quais atribuía comandos. Dizem que visitou o Sumaré apenas duas vezes. A rede só poderia dar no que deu.

Convocado por Edwaldo Pacote, eu retornaria ainda uma vez à Globo, desta vez para me demorar dez anos, oito dedicados à adaptação do *Sítio do Picapau Amarelo*. Foi um projeto que, embora tivesse tido uma apresentação anterior bem--sucedida, na TV Tupi, deu certo mais uma vez.

Eu estava transformado num escriba, um mercenário, alguém a quem pagavam para escrever qualquer coisa, geralmente não do meu agrado. Não havia outra escolha, pois tinha também de preocupar-me com o sustento de meus pais. Mário continuava perseguido. Como nem sempre eu conseguia contrato na televisão, aceitava qualquer oferta. Durante seis meses redigi anúncios para uma imobiliária da Rua Marconi, pertinho do Paribar, ponto de reunião de jornalistas, publicitários e alguns escritores. Morava de aluguel, mas ajudava a vender centenas de apartamentos. E visitava as agências de publicidade quase diariamente na esperança de algum *frila*, *freelancer*, no caso de seus redatores estarem sobrecarregados. Fazia redação para qualquer emergência ou clientela. Proust seria capaz? Redigi roteiros para desfiles de moda feminina, experiência aproveitada no meu romance *Malditos paulistas*. Um pequeno industrial estrangeiro, que produzia coberturas metálicas para automóveis, encomendava-me anúncios breves, correspondência comercial e cartas apaixonadas a sua amásia. Durante as campanhas políticas recebi tentadoras propostas para fazer publicidade de certos candidatos. Recusava. Mesmo como modesto escriba, continuava um rebelde.

Num período de desemprego total fui procurado para escrever roteiros de cinema por Fauzi Mansur, um dos inúmeros produtores da Rua do Triunfo, a caótica Hollywood paulistana. Fora Pieralisi quem adaptara *Memórias de um gigolô* e *O enterro da cafetina*, e em 1960 eu vendera a sinopse de uma história, *Mulheres e espiões*, para uma produtora do Rio, mas nunca escrevera roteiros. O cinema, porém, parecia estar em meu caminho. No início dos anos 50, inesperadamente, o grande cineasta Alberto Cavalcanti, recém-chegado da Inglaterra, com um cartaz imenso adquirido na Europa, aparecera na Excelsior, à minha procura. Ouvira um programa de rádio e descobrira em mim um roteirista nato. Assim que dispusesse de mais tempo, gostaria de fazer um roteiro comigo.

– Vamos fazer um belo filme – disse.

Mas logo ele se desiludiria do Brasil e voltaria à sua pátria profissional. O produtor da Triunfo, também conhecida como a Boca, não me acenara com belos projetos. Queria um roteiro movimentado, cheio de cenas engraçadas e bastante sexo, seguindo a linha de uma história criada por ele. Deu-me um mês de prazo. Eu precisava de dinheiro urgentemente. Prometi que o roteiro estaria pronto na segunda-feira. Ele duvidou, mas voltou na segunda-feira e para sua surpresa o trabalho estava pronto. Depois desse roteiro, *O inseto do amor*, nem sei quantos escrevi em três anos, além de refazer trabalhos alheios, escrever argumentos próprios, participar de filmes que contavam diversas histórias, roteirizar argumentos de outros e uma peça teatral de minha autoria. Vivia exclusivamente dessa atividade. *Ainda agarro essa vizinha, Sedução, A filha da cafetina, Lua de mel e amendoim*. Era o único roteirista profissional do país, o primeiro nome a ser lembrado em São Paulo e no Rio quando se pensava em produzir um filme.

As experiências amargas, ou sórdidas, ou chocantes dessa fase da vida reuni num romance lançado pela Ática em 1985, *Esta noite ou nunca*, e tudo que aprendi sobre a técnica de escrever roteiros, de cinema e televisão, resumiria noutro livro, *O roteirista profissional*, para curiosos e alunos de comunicação. Pouco ou nada do que produzi naquele período assinaria agora. Quando esses filmes são reapresentados na televisão, não assisto. O autor não sou eu, mas o escriba que fui nos anos de chumbo da ditadura. Alguém que precisava dominar todos os veículos e técnicas de linguagem para sobreviver. Para muitos eu me comercializara, sufocara minha vocação. Para minha mulher eu era um herói, despira-me de qualquer vaidade para me manter na batalha, e era a opinião dela a que me interessava.

Quando a vida apertava, Fitzgerald, Dreiser e o próprio William Faulkner, avesso a todo comercialismo na literatura, corriam para Hollywood e faziam roteiros geralmente abomináveis. Ninguém os depreciava por isso. Aqui jamais seriam perdoados se assinassem as pornochanchadas da Rua do Triunfo. Durante muito tempo sofri na pele esse preconceito elitista, arma paradoxalmente muito usada entre os intelectuais dos países subdesenvolvidos.

Como já disse, ficaria nove anos sem publicar livros, mas não sem escrever. Voltara a fazer contos, embora nenhum da nova série tivesse a dose de romantismo e nostalgia de *O enterro da cafetina*. Eram cínicos e cruéis como os novos tempos: a história de um sádico anão de televisão, de um assassino que caçava suas vítimas passeando com a namorada em seu Fusca, de um notívago tentando conquistar o amor de um cão sem dono, de um dicionarista que procura apressar a morte de um tio rico e de uma disputa amorosa nos bastidores de um festival musical. Faltava, porém, entusiasmo para entrar em contato com editores. Ia deixando o tempo rolar. Ênio Silveira, inconformado por não ter publicado *Memórias de um gigolô*, encontrou-se comigo certa vez e perguntou se tinha algum livro em preparo. Em preparo não, tinha pronto. Foi assim que após longo intervalo lancei *O pêndulo da noite*.

Nesses anos de luta pela vida e de ausência nas resenhas literárias, não deixava de ler intensamente. Se me sentisse um tanto vazio, sem rumo, desnorteado, relia Machado de Assis – um tônico, um guia e uma grande paixão literária. Muitos autores aplaudidos pela crítica não resistem a uma releitura. Em uma década perdem o charme, o sabor e, superados por outros, ou pelo próprio tempo, que tanto muda a cabeça da gente, envelhecem.

Relia também, para novas avaliações, Tchecov, Gorki, Stendhal, Katherine Mansfield, Lima Barreto, Norman Douglas, Thomas Mann. Ao mesmo tempo, descobria outros autores, como Nabokov (autor do genial *Lolita*), Kerouac, Doctorow, Patricia Highsmith, Günter Grass, John Cheever, Joyce Carol Oates, Cortázar. Sempre mulheres entre meus escritores favoritos porque... nem sei bem por que, mas elas me parecem extremamente sensíveis e exatas na arte de explicar o mundo. Sempre saio de um bom romance escrito por mulher com a impressão de que aprendi alguma coisa.

Nesse período conturbado, um dos poucos trabalhos em que não atuei como escriba foi uma peça teatral, *Os parceiros (Faça uma cara inteligente e depois pode voltar ao normal)*, sobre dois autores de televisão que rompem velha e sólida amizade quando, na ausência de um, o outro assina rendoso contrato sem incluir o amigo. A esquerda festiva fez muita carga contra a peça porque os personagens eram comunistas e, pela sua lógica primária, não deveriam dar importância ao dinheiro, mas aos ideais. Não sei se depois das voltas que o mundo deu aquelas pessoas aprenderam alguma coisa sobre a natureza humana, mas tive uma boa compensação ao ver logo em seguida a peça traduzida e encenada em Montevidéu. Permaneceu meses em cartaz no teatro Notariado, além de fazer muito eco na imprensa justamente pela contradição que *Os parceiros* focalizava. Se os artistas e a intelectualidade sofreram muito, perseguidos e restringidos pela ditadura, é verdade também que de outro lado havia um radicalismo ideológico, uma patrulha stalinista em nada favorável à liberdade de expressão e à criação artística. A censura ditatorial não admitia que as novelas abordassem conflitos familiares, corrupção de autoridades e a indigência popular. A esquerda, por sua vez, condenava personagens desviados das metas partidárias devido a ambições pessoais. E esses, falsos democratas, na verdade totalitários falando em nome da liberdade, constituíam uma força enorme, sediada nos jornais e revistas, com o mesmo poder de censura dos militares.

Nessa ocasião, o contista João Antônio, amigão velho, procurou-me com uma boa notícia. Talvez as coisas melhorassem a partir dela.

Novamente na arena: um tempo para respirar

Eu seria um ingrato se nesse esboço de memórias não me referisse a Virgínia Ebony Spots, uma nobre cadela dálmata que nos fez companhia por doze anos. Posso ser um plebeu, neto de emigrantes, mas Virgínia não era. Seus antepassados, pertencentes à gloriosa linhagem, venceram inúmeros torneios da raça dálmata no Brasil e nos Estados Unidos, de onde procederam. E ela própria, mantendo a tradição da linhagem, casou-se com o bonitão Iram Road Coach, bicampeão brasileiro, com o qual teve treze filhos, considerados pelo Dálmata Clube como a mais bela ninhada do ano. Apesar dos tempos duros, eu morava num excelente apartamento, com uma imensa área aberta, o único benefício que a inflação, desvalorizando os aluguéis, me trouxera. Virgínia inspirou-me um livro infantil, *Não era uma vez*, e apareceu em inúmeros contos e crônicas. Todos os meus amigos a conheciam e gostavam quando gentilmente ela lhes abria as portas do apartamento com a patinha.

Virgínia, sociável, adorava receber visitas, mastigar gelo e tomar sorvete. Curimbaba, que não perdia nossas reuniões, costumava tirá-la para dançar; o par formava a grande atração da noite. Virgínia recebia presentes, era mencionada nas colunas sociais e posou nos braços da atriz Nádia Lippi para um calendário chiquérrimo. Em quase todas as entrevistas que dava, ela aparecia ao meu lado, elegantemente.

Este capítulo poderia chamar-se "A cobertura", ou "Meus anos de Gatsby". Todos os sábados tínhamos *open door*. O terraço atraía visitantes. Gente de televisão e cinema aparecia lá, esperando encontrar produtores e diretores. Naqueles anos trabalhei na Tupi, na Record e na Globo, e redigi duas dezenas de roteiros de cinema. Durante os intervalos, as coisas não eram muito agradáveis, mas Palma sabia manter alto o nosso moral. A mesma mulher que vendera seu carro para que eu concluísse um livro de contos era capaz de promover belas reuniões sem gastar muito dinheiro. Mesmo três ou quatro *réveillons* destacadamente noticiados nas sociais. Num mundo de aparências e fantasias, Palma observara, só as ilusões são realmente concretas. Morando numa quitinete, eu não teria tido algumas das oportunidades que subiram até a cobertura.

Mas eu falava de João Antônio, que me procurara com novidades. A nova editora gaúcha, a L&PM, de Ivan Pinheiro Machado, estava interessada em relançar *O enterro da cafetina* e *Memórias de um gigolô*, e publicar outro livro, inédito, que eu tivesse. E eu tinha, *Soy loco por ti, América!*, de contos, onde reunia "O adhemarista", "A escalação" e "O bar dos cento e tantos dias". Alguns dos melhores que escrevi. Três lançamentos de uma vez, além do já referido *Não era uma vez*, infantil, para a pequena editora Vertente, do meu amigo Nader. As boas notícias, como as más, também caminham em grupo. Em 1978, sem muito obstáculo, consegui minha aposentadoria, pouco dinheiro, mas bem recebido porque estava desempregado. Meses depois, outro alívio, o convite de Edwaldo Pacote, da Globo, para adaptar o *Sítio do Picapau Amarelo*. O trabalho, dividido entre três redatores – eu, Sylvan Paezzo e Wilson Rocha, este um dos poucos amigos que faria em muitos anos de televisão –, me permitiria dedicar parte do tempo à literatura. O diretor seria Geraldo Casé, também poeta e escritor, um camaradão. Bons tempos estavam à vista.

Eu tentava havia anos escrever um romance policial sofisticado como os norte-americanos e com uma grande dose de humor tropical. Inventara um personagem, o Carioca, motorista de ônibus escolares, sempre envolvido com patroas sedentas de amor. O título foi infeliz, *Malditos paulistas*, como se todos os leitores tivessem lido Malaparte, autor de *Malditos toscanos*. Jiro Takahashi, diretor da Ática, lançou-o depressa, e pouco mais tarde a Círculo do Livro, que já relançara com sucesso *Café na cama*, também o relançou. Os Barretos afoitamente compraram os direitos autorais para o cinema, mas nunca o filmaram.

Eu, que saíra do Brasil pela primeira vez apenas em 1976, quando fui à Argentina, pude afinal conhecer a Europa. Vencera uma ação judicial contra a TV Tupi, graças a Ibiapaba Martins, grande advogado trabalhista e autor de diversos romances. Eu pleiteava um pagamento modesto, mas, pelos cálculos de Ibiapaba, teria direito a quatro vezes mais do que o pretendido. Para surpresa minha, e dando sequência às boas notícias, num ano venci a questão. Uma das grandes alegrias da década. Fui comemorar a vitória na Europa. Precisava mesmo de um repouso.

As propostas para novos livros se sucediam. A L&PM queria outro romance. Lembrei-me de uma ideia que mesclava radionovela com o suicídio de Vargas em 1954. O drama de uma família convertido em *vaudeville* nos dias decisivos para a história de uma nação. Meu pai, transformado em dono de uma pequena empresa de mudanças, serviria de modelo para a figura central. A vida boêmia que eu levara nos anos 50 teria espaço nesse romance dos anos dourados e em sua sequência – dez anos depois – focaria um personagem condenado pelos militares a viver escondido, situação familiar para mim. Muita coisa de biográfico e de memórias da família. Chamei o livro *Ópera de sabão, soap opera*, como os americanos apelidavam as radionovelas, geralmente patrocinadas por marcas de sabão e sabonete. Escrever esse livro foi um dos mais vivos prazeres de minha carreira, e novamente Léo Gilson Ribeiro, comentando-o, puxou uma série de críticas favoráveis. Geraldo Galvão Ferraz, crítico agudo e um dos maiores leitores desse país, prontamente o elogiou. O livro teve diversas edições, pela L&PM, Círculo do Livro e tradução na Alemanha. Houve também duas adaptações teatrais, uma encenada em São Paulo, outra em Belo Horizonte, embora *Ópera de sabão*, com sua movimentação, resultasse melhor no cinema.

Outra boa notícia, a melhor delas, aconteceria em 1980. Algo imprevisto, que não fazia parte de minhas expectativas. Eu já escrevera um livro infantil, o *Não era uma vez*, a história de uma cachorrinha fujona, mas acreditava ter encerrado aí meu encontro com o gênero. Para a televisão adaptara Mark Twain e adaptava Lobato, porém literatura é outra coisa. Anderson Fernandes Dias, dono da editora Ática, e Jiro Takahashi convidaram-me para um almoço. O tema: literatura juvenil. Queriam me incluir entre os autores da coleção Vaga-Lume. Recusei a princípio. Livros infantojuvenis e letras de música infelizmente não eram comigo. Anderson e Jiro guardaram um trunfo para a sobremesa, quando revelaram a tiragem usual da Vaga-Lume. Superava qualquer número que eu pudesse imaginar. Engasguei.

– Quanto? Tudo isso?
– Tudo isso.

Confirmado, mudei sensatamente de ideia. Precisava, porém, aprender a escrever para jovens.

Não era preciso, esclareceu Anderson. A editora estava interessada em mim, não em contratar mais um autor da área. Eu não teria de modificar meu estilo. Também não devia preocupar-me em passar lições de moral ou criar exemplos edificantes. A finalidade maior era despertar o gosto pela leitura. Um livro para adolescentes que adultos pudessem ler. A única exigência seria quanto ao tamanho, limitado a 168 laudas. Vi no convite mais uma possibilidade de retratar São Paulo, sempre presente como cenário de meus livros.

Concentrei-me numa das velhas ideias daqueles nove anos longe do prelo. Sempre tenho algumas em formação na cabeça. O personagem principal seria um rapazinho, Leo, *boy* de um luxuoso hotel de cinco estrelas, mas que morasse num bairro pobre, no outro polo da sociedade. Pobre, mas charmoso, como o Bexiga. Eu, desde os tempos do Rio, sentia o fascínio dos grandes hotéis, quando me plantava à porta do Serrador para observar o trânsito dos seus felizes hóspedes. Chegara até a pensar em conseguir emprego num deles. Leo teria uma namorada, Ângela, grã-fininha do Morro dos Ingleses, e um primo, Gino, paraplégico, em cadeira de rodas, um otimista, apesar de tudo, leitor apaixonado e mestre do jogo de xadrez. Certo dia, Leo descobre que havia um cadáver sob a cama no apartamento 222, ocupado por um hóspede rico, o Barão, conhecido pelas suas obras de caridade. O *boy* do hotel informa à gerência, mas o corpo desaparece do apartamento. Desacreditado, e acusado de roubo pelo Barão, perde o emprego e é procurado pela polícia, quando resolve ele próprio investigar o mistério, ajudado pelo primo, pela namorada e por um porteiro do hotel, amigo de sua família. Seria o começo de muito suspense e complicações.

Dois meses após o lançamento de O *mistério do 5 estrelas*, Anderson me comunicava: a primeira edição esgotava-se, já iam rodar mais 100 mil exemplares. Segundo alguns jornais, foi o *best-seller* daquele ano de 1981, e até os dias de hoje vendeu um milhão de cópias.

O MISTÉRIO DO 5 ESTRELAS, O PRIMEIRO LIVRO DE MARCOS REY PARA A COLEÇÃO VAGA-LUME.

Grande vendagem não assegura que um livro seja bom; muitas vezes prova até o contrário. Mas no meu caso o êxito apontou-me um novo caminho e uma grande fonte de prazer. Passei a escrever anualmente um romance para a juventude. *O rapto do Garoto de Ouro, Um cadáver ouve rádio, Sozinha no mundo, Dinheiro do céu, Enigma na televisão, Bem-vindos ao Rio*. O trio de investigadores, Leo, Ângela e Gino, voltaria a agir mais vezes, porém nem todos os livros seriam do gênero policial. Alguns até ultrapassavam a faixa da juventude. Talvez estivesse aí, nesse esforço para cima, a explicação do interesse dos adolescentes. Lendo Marcos Rey sentiam-se adultos, pois mesmo nas histórias detetivescas havia um retrato da sociedade instigador para discussões na classe.

Atendendo a pedidos, a partir do primeiro lançamento passei a visitar escolas para encontros com estudantes, não apenas escolas de São Paulo como de outros Estados. Em Brasília e cidades-satélites, Londrina e Maringá, cheias de faixas anunciando minha presença na cidade, falei a multidões de alunos em auditórios lotados. Faziam adaptações teatrais, baseadas nos livros, músicas e letras inspiradas nos personagens, além de ilustrações, móbiles e murais. Às vezes decoravam a escola inteira com temas do livro. Não podia imaginar tão grande e interessado o público de literatura infantojuvenil.

Certa vez, em Porto Alegre, fui interpelado por uma aluna ressentida.

– Por que o senhor situa todas as suas histórias em São Paulo? O senhor é muito bairrista.

– Pode ser, mas aprendi isso com Erico Verissimo. Ele só escrevia sobre o Rio Grande do Sul.

Passei também a receber cartas, algumas das regiões mais distantes do país. Recebo frequentemente poemas, contos e até romances assinados por alunos. A esses simplesmente aconselho não ter pressa de publicar. É o meio mais correto de evitar arrependimento. Reescrevam, reescrevam, como Machado de Assis.

Acabei, mais tarde, limitando ao mínimo esses encontros, agradáveis, úteis aos escolares, mas exaustivos, e que me tomavam muito tempo de trabalho. Eu os aceitara de bom grado porque, em locais variados, grandes auditórios, teatros, pátios de escolas, campos esportivos, igrejas, câmaras de vereadores, jardins municipais, quintais de modestas escolinhas interioranas, representaram para mim uma nova e imprevista experiência de vida. Falar em público não era coisa que me atraísse, nascera para escrever e temia parecer cabotino. Mas a curiosidade de me defrontar com tantos leitores, descobrir o que os impressionara em meus livros, verificar até onde ia a sensibilidade deles, se podiam ou não suportar textos mais arrojados, fez-me superar essa dificuldade.

Palma adora acompanhar-me nessas viagens. Às vezes também é convidada a falar, sob o ângulo da mulher de escritor, revelando manias, conflitos, alegrias, decepções e métodos de trabalho. O escritor na intimidade. O seu dia a dia. Mas a pergunta que nunca falta é: para que time o senhor torce? A resposta às vezes decepciona. Gosto quando perguntam em quem votei nas últimas eleições. Aí dá para relembrar alguns episódios de nossa história política e combater um pouco a ingenuidade desse povo.

Palma sempre insistiu comigo para não deixar de escrever para adultos, embora os romances dessa faixa não alcancem um público tão numeroso. E nunca deixei.

Como a ditadura terminara, regressei à União Brasileira de Escritores, eleito por dois períodos primeiro vice-presidente, mas por culpa de meu amigo Claudio Willer, que encabeçou a chapa. Muito envolvido pela literatura, perdera o dom das lutas associativas. O antigo pique se fora. Como todo vice, fui muito ausente, principalmente no segundo mandato. Eu voltara a ser um escritor doméstico.

Depois de alguns anos voltados à juventude, lancei pela Ática *A arca dos marechais*, a história amarga de um passador de dinheiro falso, torturado pelo receio de deixar sinais comprometedores. Acontece durante o golpe militar, quando a efígie de certo marechal aparecia nas cédulas de maior valor. Justamente por isso, falsificar dinheiro jamais fora tão criminoso e o personagem central, modesto funcionário do aquário da prefeitura, tinha uma arca cheia de cédulas falsas. Para dificultar investigações, passa a morar em hotéis e a mudar constantemente. Gente o assustava. Mesmo assim, apaixona-se por uma mulher da noite, mas a ligação não dá certo porque ela, muito expansiva, fazia amizades excessivas para quem guardava um segredo. Quando sente que já trocara bastante dinheiro falso por verdadeiro, podendo viver de rendimentos, começa a desfazer-se, de mil maneiras, do restante. É quando o destino, maldoso, intervém, servindo-se de um cochilo, insignificante detalhe que o passador de dinheiro falso deixara passar.

Minha fase na Rua do Triunfo, quando escrevia roteiros cinematográficos, num dramático dia a dia, não poderia desaparecer comigo. Minha mulher costumava dizer que mereciam um romance. Resolvi escrevê-lo, em forma de memórias, num tom muito pessoal, pelo prazer de escrever e mais nada. O personagem principal é um autor fracassado, que se fixa no cinema, como roteirista, devido a uma descontrolada obsessão provocada pelas fotos ousadas de uma atriz de pornochanchadas publicadas numa revista *for men*. O romance *Esta noite ou nunca*, também vivido no período da ditadura, conta a história dessa obsessão, percorrendo diversos gêneros de espetáculos, como o *show* de um homem só, o *vaudeville*, o bailado, o cinema pornô, terminando apoteoticamente numa cena de teatro-revista, onde os sonhos do personagem se concretizam. O tom geral é sempre o da comédia, atingindo o exagero das chanchadas, mas é tudo truque, cortina de fumaça. Além das aparências, transparece a dor de um fracasso num mundo moderno de imagens, signos, grifes, símbolos, que esmaga os despreparados para novas realidades. Mais uma vez, porém, errei no título. Conversando sobre o livro com Humberto Mariotti, o autor de *Peixes deitados de lado*, disse estar naquela ocasião contaminado por uma espécie de maldição que pairava sobre a Rua do Triunfo. Ele me interrompeu, dizendo:

– Aí está o título: *A maldição da rua do Triunfo*.

Concordei, mas acabei trocando-o por outro nome intrigante. Sempre cometemos erros.

Meu relacionamento com a editora Ática continuou ótimo. Jiro saiu da empresa e em seu lugar assumiu Fernando Paixão, poeta e ensaísta de grande talento. Ele, Palma e Humberto Mariotti são os primeiros a conhecer meus planos. A opinião deles é sempre decisiva. Palma, no trio, representa o fio terra, o julgamento mais próximo do povo.

Depois de *Esta noite ou nunca*, escrevi outro romance, *A sensação de setembro, uma opereta tropical*, como chamei, ainda interessado, como no anterior, em brincar com formatos literários, experimentar novos jeitos de contar uma história, testar caminhos. Quem produzia com regularidade literatura como a juvenil tinha o direito de fechar-se de quando em quando num laboratório para pesquisas. Escrever para si mesmo ou para um pequeno grupo equivale a umas férias que o autor se oferece generosamente. Em *A sensação de setembro* gozei bastante dessas férias, mas prometendo-me que o período de divertidos experimentos terminava aí.

O ÚLTIMO MAMÍFERO DO MARTINELLI,
UM DOS SEUS LIVROS MAIS DENSOS.

Meu próximo livro viria mais do fundo, como *Um gato no triângulo*, *O pêndulo da noite*, *Ópera de sabão* e *A arca dos marechais*, algo que doesse na alma e pudesse ter maior permanência. Na verdade, vinha fazendo tentativas inacabadas havia quase 20 anos. Chamou-se *O último mamífero do Martinelli*, uma novela, meu gênero predileto. Acontece no histórico edifício, rodeado de tapumes para reforma. Nele refugia-se um terrorista, acuado pela polícia, embora descrente dos velhos ideais. Encontrando nos andares vazios objetos usados, que podia vender, como máquinas de escrever, lustres, lixeiras, e no porão inexplicavelmente uma torneira com água, resolve instalar-se, visitando, uma a uma, todas as cabines daquele transatlântico abandonado. Começa a gostar da solidão. Depois, interessa-se pelos escritos que lê nas paredes, rabiscos de épocas diversas, às vezes datados e assinados, sinais de que ali houvera vida, muita gente se amara ou se odiara no velho prédio. Paciente, chega a deslindar episódios inteiros, orientado por palavras reveladoras. Em certo conjunto comercial o patrão apaixonara-se pela telefonista e a empresa entrara em colapso; um gráfico ainda na parede contava tudo. Um joalheiro era explorado pelo sobrinho, jogador profissional, a quem, apesar disso, amava muito. Encontra, num dos andares, um recorte de notícia policial num armário. Uma paraplégica estrangeira fazia-se passar por professora de línguas para encobrir sua rede de contrabandistas. Essas histórias, porém, ultrapassando o limite da imaginação, subitamente tornam-se reais e o terrorista, um de seus intérpretes. Ele já não pesquisa somente, vê, responde, dá ordens, atua. Vive papéis abomináveis, mas que fazer se é escalado? A fantasia e a realidade misturam suas fronteiras, são uma coisa só, uma dentro da outra, e nesse ponto tudo pode acontecer, inclusive a morte.

O último mamífero do Martinelli, mesmo sendo um livro fechado, opressivo, sem heróis, adulto, é muito lido por jovens. Gostaria de ter outras granadas como esta em meu bornal. Vê-la explodir foi bonito e me fez bem.

O cronista dominical

Os acontecimentos não seguem em fila, caminham agrupados, um atropelando o outro. Na vida nada é ordenado, com cenas e sequências numeradas, como roteiros de cinema. Eles nem acabam, fundem-se com outros, geram novos. A vida vem em ondas, já foi dito. Nem sei, pois, em que parte de minha autobiografia caberia, por exemplo, a morte de meu pai. Houve um telefonema com uma informação contida, querendo ser natural, e logo eu, descendo de um táxi, entrava em seu quarto. Estava sobre a cama, sorrindo, mas morto. Também sorri, talvez fosse o que queria que eu fizesse. Meu pai odiava dramas, choradeiras. Se alguém falasse em doença, algum doente na família, ou desgraça de outro tipo, pedia licença e saía. Às vezes até passava como falta de solidariedade, indiferença à dor alheia. O que fazer, se sempre fora assim, incapaz de suportar sofrimento em doses maciças? O bom para ele era papear bebendo qualquer coisa. Tivera infância e mocidade infelizes. Nem conhecera o pai, morto aos 30 anos, de febre amarela, ao chegar ao Brasil. Não recebera heranças nem amparos. Tinha, sim, algumas ambições, e, profissionalmente, como gráfico e encadernador, saiu-se bem e trocou definitivamente a então pequena Campinas, sua cidade natal, por São Paulo. Gostava de festas, praias, livros e rejeitava qualquer convite para hospitais e velórios. Se não fosse um caso de força maior, teria faltado ao próprio enterro.

Minha mãe morreu mais idosa. Não sofreu muito. Já não podia ir à igreja, mas o reverendo a visitava regularmente, recebendo os agradecimentos dos filhos e nossa contribuição num envelope. Seu grande desgosto era nenhum filho ter herdado seu fervor religioso. Sua última tentativa para levar-me ao rebanho, eu ainda solteiro, contou com o conluio de um pastor americano, de minha idade, e por coincidência meu xará, Edmund. Recebi-o, na sala, com um Sinatra na vitrola. Aliás, eu preparara uma nostálgica seleção musical não lembro com que intenções. Ouvindo os discos, o reverendo, sentimental, esqueceu a missão evangélica e manifestou enorme saudade da pátria. Então pediu licença para acender um cigarro, hábito muito liberal, reprovável mesmo, para um ministro protestante. Acompanhei-o, acendendo também um cigarro, e, após umas tragadas, perguntei-lhe se aceitava um uísque, enquanto falássemos sobre os assuntos de sua missão religiosa. Aceitou como um sacrifício, apenas para ser agradável, mas notei o olhar sensível que lançou ao rótulo, escocês autêntico, coisa fina, digna de visitantes ilustres. Sem medo do demônio, tomou diversas doses. Quatro horas depois, terminados o litro e nossos cigarros, já noite alta, o reverendo apoiou-se e levantou-se para sair. Fora uma conversa amena, um papo mundano em que o santo nome do Senhor quase não fora invocado. Minha mãe, que não aparecera para que ele pudesse atacar mais duro, recolheu o litro, o balde de gelo e os cinzeiros, mas não perguntou nada sobre o resultado do encontro. Apenas comentei:

– Gostei do reverendo, simpático, culto e com muita sede de verdade.

Minha mãe só no fim da vida decidiu ler *O enterro da cafetina*, convencida por alguém de que não era imoral. Dei-lhe um exemplar da edição de bolso. Colocou-o sobre o criado-mudo, junto de um hinário do mesmo tamanho. Daí o lamentável, o terrível equívoco. Algumas senhoras da igreja, integrantes do coro, desejando xerocar alguns hinos, foram até nossa casa, mas receberam de minha mãe, a orientadora espiritual do grupo, outro livro emprestado, o meu. Minha irmã, percebendo o engano, correu para substituir o livro. Tarde. O pudico "ó" do escândalo já sacudira a casa.

Arquivo pessoal

EU E MEU IRMÃO, MÁRIO DONATO.

Meu irmão Mário faleceu após breve enfermidade, logo que passei a escrever crônicas para a revista *Veja São Paulo*. Nunca se refez inteiramente dos sofrimentos e humilhações causadas pela longa perseguição policial. No Rio, onde se escondera, tudo recomeçara e, certa noite, o próprio governador da Guanabara, integrante do golpe, mas escritor, mandou-

-lhe um recado, por intermédio de um jornalista, para que desaparecesse – a polícia já descobrira seu endereço. Voltando a São Paulo, ocultou-se em diversos lugares, inclusive em meu apartamento. Ele, uma pequena mala e um rádio. O próprio Curimbaba, inspirador de *Memórias de um gigolô*, interrompeu suas proveitosas atividades sexuais para ceder-lhe sua quitinete. Para deixar o país precisaria de colaboração, mas ele, que nunca pertencera a partido algum, não contava com nenhuma cobertura. Muitos anos depois foi julgado e absolvido. A essa altura, deixara de esconder-se e aparecia em qualquer parte. Não era coragem, apenas exaustão. Chegou até a publicar mais dois romances, um merecedor do Jabuti, e a ingressar na Academia Paulista de Letras, mas já sem o elã antigo, o vigor e o interesse pela vida. O destino sabe quando as histórias devem acabar, tudo cumprido, e coloca o ponto-final.

Eu já escrevera crônicas, mas irregularmente em revistas e no *O Estado de S. Paulo*. Gostava do gênero e aguardava uma oportunidade. Sua síntese obrigatória elimina logo os parlapatões. E nenhum cronista sobrevive se não tiver a marca de uma personalidade bem nítida. Lembra-me o florete e tudo que pede agilidade e leveza, mas, já que se fala em armas, é também capaz de ferir pessoas e sistemas, fazer sangrar. Para trazer o passado ao hoje, revivê-lo, melhor que a crônica não há, sempre o retrato espontâneo de alguma coisa, seja do passado, seja da atualidade. Eu, que escrevia *Memórias da madrugada*, volumosas, e às vezes pesadas, decidi trocar o material por crônicas, ligeiras e portáteis como moedas. Por outro lado, um conto curto, como escrevia O. Henry, o pai da *short story*, também é crônica, dependendo do tom narrativo. Na *Veja São Paulo* fiz dupla com Walcyr Carrasco, teatrólogo, equilibrando tendências, porque ele conhece bem a São Paulo de agora. Nosso acesso ao gênero coincidiu com o retorno triunfante da crônica aos meios de comunicação e com o surgimento de novos profissionais. O jornalismo atual, tão cheio de clichês, todo expresso num português básico, limitado, vai lucrar com isso.

Breve olhar para trás

Evidentemente isto não é uma autobiografia, mas talvez sirva como autorretrato, carta aos leitores, sequência de lembranças e relembranças. Vivi mais que essas poucas páginas, conheci muito mais pessoas, passei por mais lugares. Certos episódios, amargos, omiti, para não parecer muito depressivo e rancoroso. Outros, mais felizes, também omiti, para não me mostrar ufanista. Por outro lado, biografias e autobiografias têm muito compromisso com ação, fatos, realizações, quando a vida de alguém não é só isso. Vive-se mais, às vezes, nos vazios, horas de insônia, tempos de espera, intervalos, horários mortos. Principalmente nas conversas com o travesseiro, quando nos perguntamos – e agora? – e planejamos o difícil dia seguinte. Esse homem angustiado, indeciso, precavido, fora da observação de testemunhas, nunca sabendo se vai por aqui ou por ali, geralmente não é o mesmo que, de rosto lavado, e cheirando a desodorante, sai pelo mundo, de cabeça erguida.

Vivi mais horas comigo mesmo – esperando, analisando, planejando avanços e recuos – que na luta direta, suada, da rua e dos escritórios. Mas sempre há em mim uma preocupação fixa quando recolho o trem da objetividade: a viciosa criação literária. Basta provocar uma chispa e o caldeirão das ideias entra em ebulição, borbulhante, e se estou na cama o sono se evapora. Essa fuga para o país da ficção pode ocorrer em qualquer lugar. Assistindo à televisão, uma simples imagem suscita qualquer coisa, quem sabe uma história submersa, e então não vejo mais nada. Mesmo se a emissora sair do ar não perceberei. Essa chama surge até em horas impróprias, durante uma conferência, por exemplo, ou num táxi, quando esqueço de descer. Alguns me julgam caladão, porque não ouvem meus papos e até brigas com personagens. O corpo a corpo com as ideias! Se persigo uma, ela escapa, esconde-se, transforma-se noutra, menos sedutora. Outras vezes, é ela que me procura, esteja eu onde estiver, porém rejeito-a como se faz com mulher oferecida. Há um ensinamento que diz: nunca se apegue à primeira ideia. Todo conselho é bom até que falha. Já tive boas primeiras ideias. O travesseiro noturno e o espelho matinal são bons objetos para ajudar a testá-las. Primeiro verifico se são originais. Podem ser alheias ou minhas, com nova roupagem. Velhas ideias costumam se disfarçar. É da sua natureza volúvel. Umas, belas e frescas, têm 500 anos de idade. Nada de susto, porém, jovem que me lê. História nova, virginal, não é assim uma exigência tão absoluta. Machado de Assis sabia disso. *Dom Casmurro* é apenas a história de uma infidelidade conjugal. Um conto pode ser narrado de um milhão de maneiras diferentes. Original, sim, precisa ser a abordagem – vai pegar o enredo pela orelha, pelos cabelos, pelo pé, ou por onde? Outras vezes não é a abordagem, mas o recheio, o molho, os ingredientes de um estilo que dão a uma história, mesmo linear, um sabor próprio, pessoal, inconfundível.

Acho que andei me desviando do assunto. Falava do convívio do autor com histórias e personagens e pus-me a ditar regras. Todos nós levamos vida dupla, a exterior, visível, e a do fundo. O escritor permanece lá embaixo mais tempo, recolhido. Se permanecer mergulhado tempo demasiado, morre. Primeiro morre como escritor, porque a arte se alimenta das sujeiras da vida, que estão na superfície, e depois morre como homem, porque logo lhe faltará o pão. Eu tive de subir, sair muito à claridade para o combate diário. Se algo devo ter fixado neste livro, deixado explícito, pelo menos tentei, foi a luta de um escritor, que não veio das camadas privilegiadas da sociedade, para manter seu ideal, apesar de todas as adversidades. E sempre curvado sobre o teclado, mesclando ficção com o trabalho operário de jornalista, redator de rádio e de TV, publicitário e roteirista de cinema, funções competitivas, meramente comerciais, voltadas a um público no qual muitas vezes não estava interessado.

EU E RICARDO RAMOS NA
ACADEMIA PAULISTA DE LETRAS.

Em novembro de 1986, sem que fizesse parte de minhas ambições, entrei para a Academia Paulista de Letras. Alguns amigos, porém, insistiram para que me candidatasse: Geraldo Pinto Rodrigues, Cyro Pimentel, Israel Dias Novaes, Lygia Fagundes Telles e Paulo Bonfim, além, claro, de meu irmão Mário. Ernani Silva Bruno, o magnífico historiador de São Paulo, que eu vira uma única vez, tempos atrás, vinha lembrando meu nome quando havia vaga. Ao saber que por timidez ou qualquer outro motivo eu me esquivava, decepcionou-se. Rejeitar uma cadeira pode ser ato de vaidade maior que sentar-se nela. Pobre Ernani, morreria na própria Academia, vítima de um colapso, em noite de reunião e conferência.

– Candidate-se – pediram-me. – Ernani ficaria satisfeito. E, como o auditório está em obras, a posse será informal, sem casacas nem banda de música.

Nenhum argumento seria mais convincente.

Fui eleito com 23 votos. Com a vaga existente haveria 39 eleitores, mas Antônio d'Elia, ainda não empossado, não teve direito a votar. Seis acadêmicos faltaram, um voto foi anulado e houve oito em branco. Quais teriam desaprovado minha entrada? Mistério, o voto lá é secretíssimo. Em outubro do ano seguinte tomava posse com a simplicidade prometida, o que se tornaria norma nas posses acadêmicas. Jamais me arrependeria do meu ingresso na Academia, apesar de nem sempre ver eleitos nomes do meu agrado. No entanto, outros, a cuja entrada resisti, lendo-os, mais tarde, passaria a admirá-los.

Meu livro, *O roteirista profissional*, chegou aos meios universitários, e através de Ítalo Morelli, professor de comunicações e ex-produtor de televisão, recebi convite para dar aulas sobre roteiros, duas vezes por semana, na FAAP. Voltar à escola, após décadas, agora como professor, deu-me um estímulo tonificante, espécie de reaproximação com a vida. E melhor que imaginava foi a sensação de notar, semana a semana, o progresso dos alunos na complicada técnica de redigir roteiros, capacidade didática que não supunha possuir. Bernardo Issler, diretor da faculdade, sempre entendeu minha intenção de não querer ser efetivado. Já aposentado, repelia a ideia de criar novos laços empregatícios. Ensinar dava-me prazer, mas não pretendia trocar a literatura pelos conflitos e apertos da vida de professor. Era tarde para entrar nessa guerra. Quatro anos depois, tendo mudado a direção-geral da FAAP, não me permitiram mais atuar como professor visitante, apesar dos bons resultados obtidos. Encerrei minhas atividades escolares. Foram quatro anos agradáveis. Descobri uma vocação que ignorava possuir e fiz uma constatação transcendental: a diferença entre os jovens de minha geração e os dos anos 90 resume-se apenas em algumas peças de roupa, certas palavras da gíria, no gosto musical e, da parte destes, num interesse menor pela virgindade. O resto não mudou muito. Por insistência de Fábio Lucas, Lygia Fagundes Telles e Caio Porfírio Carneiro, aceitei a indicação de meu nome para concorrer ao Juca Pato de 1995, troféu dado ao Intelectual do Ano. Resisti não por modéstia, mas pela quase certeza da derrota; Darcy Ribeiro, o outro candidato, tem a fama que sua obra merece. Como na ocasião de meu ingresso na Academia, não pedi votos, deixei o resultado acontecer. Obtive 330 votos, contra os 233 de Darcy, e tudo resultou numa bela festa com bons discursos, algumas lágrimas de Palma e coquetel de primeira.

Eu não teria nada contra meus 70 anos, se constassem apenas de documentos. Sou, porém, forçado a lembrar-me desdenhosamente deles quando deparo com uma escada. E há sempre muitos degraus a galgar para chegarmos ao mirante que essa idade representa. Lá embaixo estão os aclives e declives percorridos, os vaivéns de muitos caminhos, becos sem saída, acidentes de uma visão aérea de surpreendente topografia. Outras vezes, esses 70 parecem-me número de um armazém, onde desordenadamente foram depositados cenários de minha vida e, inclusive, objetos pessoais. Alguns despencaram pesadamente sobre mortos de grande estima. Mas cabe tudo num caminhão.

Eu, Nélida Piñon e
Lygia Fagundes Telles.

Leio este trecho à minha mulher e ela ri. Sempre disse que nossas vidas tiveram muitas mudanças e ri ainda mais lembrando fatos que não ousei contar.

Essa coisa do tempo, que passa tanto e sempre, perturba-me desde a infância. A brevidade dos sorvetes, dos domingos e dos encontros dos namorados na praça. Ele é uma ave imensa da qual só se vê a sombra sobre o papel. E o prazer de narrar nossa vida, mesmo numa despretensiosa autobiografia, reside, suponho, na vã possibilidade de prendê-lo numa gaiola. Que cante o que quiser agora, debata-se; terá água e alpiste, mas que não tente fugir jamais.

Bibliografia

Livros

CONTOS, NOVELAS E ROMANCES

A arca dos marechais (romance). São Paulo: Ática, 1985.
A última corrida: Ferradura dá sorte?. 2. ed. São Paulo: Ática, 1982.
_____. 3. ed. São Paulo: Global, 2009.
Café na cama (romance). São Paulo: Autores Reunidos, 1960.
_____. 9. ed. São Paulo: Global, 2004.
Esta noite ou nunca (romance). São Paulo: Ática, 1988.
_____. 5. ed. São Paulo: Global, 2009.
Entre sem bater (romance). São Paulo: Autores Reunidos, 1961.
_____. 2. ed. São Paulo: Global, 2010.
Fantoches! (novela). São Paulo: Ática, 1998.
Ferradura dá sorte? (romance). São Paulo: Edaglit, 1963.
Mano Juan (romance). São Paulo: Global, 2005.
Malditos paulistas (romance). São Paulo: Ática, 1980.
_____. São Paulo: Companhia das Letras, 2003.
Melhores contos Marcos Rey (contos). 2. ed. São Paulo: Global, 2001.
Melhores crônicas Marcos Rey (crônicas). São Paulo: Global, 2010.
Memórias de um gigolô (romance). São Paulo: Senzala, 1968.
_____. 22. ed. São Paulo: Global, 2011.

O cão da meia-noite (contos). 5. ed. São Paulo: Global, 2005.
O enterro da cafetina (contos). Rio de Janeiro: Civilização Brasileira, 1967.
_____. 4. ed. São Paulo: Global, 2005.
O pêndulo da noite (contos). Rio de Janeiro: Civilização Brasileira, 1977.
_____. 2. ed. São Paulo: Global, 2005.
O último mamífero do Martinelli (novela). São Paulo: Ática, 1995.
Ópera de sabão (romance). Porto Alegre: L&PM, 1979.
_____. 2. ed. São Paulo: Global, 2012.
Soy loco por ti, América! (contos). Porto Alegre: L&PM Editores, 1978.
_____. 2. ed. São Paulo: Global, 2005.

INFANTOJUVENIS

12 horas de terror. São Paulo: Ática, 1994.
_____. 6. ed. São Paulo: Global, 2006.
A sensação de setembro (romance). São Paulo: Ática, 1989.
_____. 2. ed. São Paulo: Global, 2010.
Bem-vindos ao Rio. São Paulo: Ática, 1987.
_____. 8. ed. São Paulo: Global, 2006.
Corrida infernal. São Paulo: Ática, 1989.
Diário de Raquel. São Paulo: Companhia das Letras, 2004.
_____. 2. ed. São Paulo: Global, 2011.
Dinheiro do céu. São Paulo: Ática, 1985.
_____. 7. ed. São Paulo: Global, 2005.
Enigma na televisão. São Paulo: Ática, 1986.
_____. 9. ed. São Paulo: Global, 2005.
Garra de campeão. São Paulo: Ática, 1988.
Gincana da morte. São Paulo: Ática, 1997.
Na rota do perigo. São Paulo: Ática, 1992.
_____. 5. ed. São Paulo: Global, 2006.
Não era uma vez. São Paulo: Scritta, 1980.
O coração roubado (crônicas). São Paulo: Ática, 1996.
_____. 4. ed. São Paulo: Global, 2007.
O diabo no porta-malas. São Paulo: Ática, 1995.
_____. 2. ed. São Paulo: Global, 2005.
O mistério do 5 estrelas. São Paulo: Ática, 1981.
_____. 21. ed. São Paulo: Global, 2005.

O rapto do garoto de ouro. São Paulo: Ática, 1982.
_____. 12. ed. São Paulo: Global, 2005.
Os crimes do Olho de Boi (romance). São Paulo: Ática, 1995.
_____. 2. ed. São Paulo: Global, 2010.
Quem manda já morreu. São Paulo: Ática, 1990.
Sozinha no mundo. São Paulo: Ática, 1984.
_____. 18. ed. São Paulo: Global, 2005.
Um cadáver ouve rádio. São Paulo: Ática, 1983.
Um gato no triângulo (novela). São Paulo: Saraiva, 1953.
_____. 3. ed. São Paulo: Global, 2010.
Um rosto no computador. São Paulo: Ática, 1993.

Outros Títulos

Brasil: os fascinantes anos 20 (paradidático). São Paulo: Ática, 1994.
Grandes crimes da história (divulgação). São Paulo: Cultrix, 1967.
Habitação (divulgação). [S.l.]: Donato, 1961.
Muito prazer, livro (divulgação – obra póstuma inacabada). São Paulo: Ática, 2002.
O caso do filho do encadernador (autobiografia). São Paulo: Atual, 1997.
O roteirista profissional (ensaio). São Paulo: Ática, 1994.
Proclamação da República (paradidático). São Paulo: Ática, 1988.

Televisão

Série Infantil

O Sítio do Picapau Amarelo. Roteiro: Marcos Rey, Geraldo Casé, Wilson Rocha e Sylvan Paezzo. [S.l.]: TV Globo, 1978-1985.

Minisséries

Memórias de um gigolô. Roteiro: Marcos Rey e George Dust. [S.l.]: TV Globo, 1985.
Os tigres. São Paulo: TV Excelsior, 1968.

Novelas

A moreninha. [S.l.]: TV Globo, 1975-1976.
Cuca legal. [S.l.]: TV Globo, 1975.

Mais forte que o ódio. São Paulo: TV Excelsior, 1970.
O grande segredo. São Paulo: TV Excelsior, 1967.
O príncipe e o mendigo. São Paulo: TV Record, 1972.
O signo da esperança. São Paulo: TV Tupi, 1972.
Super plá. Roteiro: Marcos Rey e Bráulio Pedroso. São Paulo: TV Tupi, 1969-1970.
Tchan!: a grande sacada. São Paulo: TV Tupi, 1976-1977.

Cinema

FILMES BASEADOS EM SEUS LIVROS E PEÇAS

Ainda agarro esta vizinha... (baseado na peça "Living e W.C."). Direção: Pedro C. Rovai. Rio de Janeiro: Sincrofilmes, 1974.
Café na cama. Direção: Alberto Pieralisi. Rio de Janeiro: Alberto Pieralisi Filmes/Paulo Duprat Serrano/Atlântida Cinematográfica, 1973.
Memórias de um gigolô. Direção: Alberto Pieralisi. Rio de Janeiro: Magnus Filmes/Paramount, 1970.
O enterro da cafetina. Direção: Alberto Pieralisi. Rio de Janeiro: Magnus Filmes/Ipanema Filmes, 1971.
O quarto da viúva (baseado na peça "A próxima vítima"). Direção: Sebastião de Souza. São Paulo: Misfilmes Produções Cinematográficas, 1976.
Patty, a mulher proibida (baseado no conto "Mustang cor de sangue"). Direção: Luiz Gonzaga dos Santos. São Paulo: Singular Importação, Exportação e Representação/Haway Filmes, 1979.
Sedução. Direção: Fauze Mansur. [S.l.]: [s.n.], 1974.

TEATRO

A noite mais quente do ano (inédita).
A próxima vítima, 1967.
Eva, 1942.
Living e W.C., 1972.
Os parceiros (Faça uma cara inteligente e depois pode voltar ao normal), 1977.

LIVROS DE MARCOS REY PELA GLOBAL EDITORA

INFANTOJUVENIS

12 horas de terror
A sensação de setembro – Opereta tropical
Bem-vindos ao Rio
Diário de Raquel
Dinheiro do céu
Enigma na televisão
Na rota do perigo
O coração roubado
O diabo no porta-malas
O mistério do 5 estrelas
O rapto do Garoto de Ouro
Os crimes do Olho de Boi
Sozinha no mundo
Um gato no triângulo

ADULTOS

A última corrida
Café na cama
Entre sem bater
Esta noite ou nunca
Mano Juan
*Malditos paulistas**
Marcos Rey crônicas para jovens
Melhores contos Marcos Rey
Melhores crônicas Marcos Rey
Memórias de um gigolô
O cão da meia-noite
O caso do filho do encadernador
O enterro da cafetina
O pêndulo da noite
*Ópera de sabão**
Soy loco por ti, América!

* Prelo

GRÁFICA PAYM
Tel. (011) 4392-3344
paym@terra.com.br